# 「一帶一路」建設與
# 中國國際話語權研究

陳宗權○等 著

崧燁文化

# 目　錄

導　論 / 1

## 第一章　國際話語權：概念釋義及理論基礎 / 9

### 第一節　關於國際話語權的研究綜述 / 9

一、國外研究綜述 / 9

二、國內研究綜述 / 12

### 第二節　話語及話語權 / 22

一、福柯的「話語」及「話語權」/ 22

二、「話語權」釋義 / 27

### 第三節　國際話語權：概念、形成機理及其類別 / 29

一、「國際話語權」概念解析 / 29

二、國際話語權的形成機理及其類別 / 33

## 第二章　「一帶一路」建設與中國經濟話語權提升 / 52

### 第一節　國際經濟形勢及經濟話語權格局 / 52

一、總體世界經濟形勢／52

二、全球經濟治理中存在的話語權問題／54

三、美國經濟話語霸權的衰落／57

**第二節 「一帶一路」建設的經濟行為及實踐／58**

一、「一帶一路」建設的基本內容／58

二、基礎設施建設／61

三、國際產能合作／69

四、商貿往來／76

**第三節 「一帶一路」建設與提升中國經濟話語權的戰略思考／86**

一、「一帶一路」建設與中國經濟話語權之間的關係／86

二、對策及建議／89

# 第三章 「一帶一路」建設與中國製度話語權提升／97

**第一節 從戰略高度認識提升中國製度話語權的重要性／97**

一、製度話語權對中國發展的戰略重要性／98

二、中國提升製度話語權對世界的重要意義／102

**第二節 製度話語權視角下的「一帶一路」建設／106**

一、國際公共產品供給與「一帶一路」倡議的提出／107

二、「一帶一路」的製度內涵及其實踐／115

**第三節 「一帶一路」建設與提升中國製度話語權的戰略思考／121**

一、「一帶一路」建設提升了中國的製度話語權／122

二、「一帶一路」建設與提升中國製度話語權所面臨的現實
　　　　挑戰／127
　　三、「一帶一路」建設與提升中國製度話語權的對策／133

## 第四章　「一帶一路」建設與國際文化話語權提升／137

### 第一節　國際文化格局與中國文化話語權現狀／138
　　一、當今國際文化格局／138
　　二、中國國際文化話語權現狀／141

### 第二節　民心相通與「一帶一路」的文化實踐／145
　　一、「一帶一路」的文化建設目標／146
　　二、「一帶一路」對多元文化話語權的推動／149

### 第三節　通過「一帶一路」建設提升中國文化話語權的路徑／153
　　一、為什麼要提升中國文化話語權／153
　　二、如何借助「一帶一路」提升中國文化話語權／156

## 第五章　「一帶一路」建設與中國自信／166

### 第一節　自信和國家自信／166
　　一、「自信」的內涵釋義和「國家自信」的歷史闡釋／166
　　二、對內層面的國家自信／168
　　三、「一帶一路」與對外層面的國家自信／170

### 第二節　「一帶一路」建設與中國的經濟自信／172

一、中國開放、包容、互利的經濟建設態勢 / 172

　　二、中國對世界經濟的貢獻及所承擔的經濟責任 / 174

　　三、建構新型全球化過程中的中國自信 / 175

**第三節　「一帶一路」建設與中國的製度自信 / 177**

　　一、「一帶一路」製度設計與新型全球治理結構 / 177

　　二、「共享型」世界秩序的設想及中國的製度貢獻 / 178

　　三、製度性公共產品凸顯中國責任與中國自信 / 180

**第四節　「一帶一路」建設與中國的文化自信 / 181**

　　一、中國文化：中國力量的精神表達 / 182

　　二、中國文化自信的基因 / 183

　　三、「一帶一路」建設中互鑒共存的文明意識與中國
　　　　自信 / 185

**參考文獻 / 188**

**後　記 / 201**

# 導　論

　　當前，國際關係正在經歷自「冷戰」結束以來最為深刻的變化。全球化的深入發展和信息革命的持續推進使得國際關係與國內局勢發生著前所未有的聯動，人類日益處在你中有我、我中有你的命運共同體之中。隨著西方國家深陷內外困境以及新興國家的集體崛起，國際格局正從「冷戰」結束初期的單極狀態向多極化的方向演進。國際力量對比的變化總體上有利於世界的和平與穩定，不過局部的動盪和衝突此起彼伏，傳統安全與非傳統安全相互交織，大大加劇了國際局勢的不確定性。國家之間綜合國力較量日益激烈，特別是大國圍繞國際規則和話語權的爭奪趨於白熱化。西方國家希望借助既有的製度規則維護其壟斷性的優勢地位，新興大國和廣大發展中國家則要求改變國際權利和資源分配不公的現狀，推動國際秩序朝著更加公正合理的方向發展。在國際思潮上，「冷戰」結束之後高歌猛進的全球化潮流出現階段性停滯，以反自由貿易、反移民、反全球化為特徵的各類極端主張紛紛在世界範圍強勢登場。

　　在國際關係深刻變化的背景下，全球治理的需求與供給出現重大失衡。「冷戰」結束以來，全球化進程的深化導致跨國威脅和全球性問題不斷增多。從氣候變化到能源安全，從恐怖主義到核擴散，大量全球問題正在危及人類的生存及可持續發展。與全球治理需求上升形成反差的是，治理全球問題的公共產品

供給嚴重不足。長期以來，西方國家主導著全球治理的規則和議程。然而，當前，美國和歐洲繼續解決全球問題的能力和意願均在下降。經過國際金融危機以來的改革與重建，美國經濟復甦態勢明顯，但政治極化問題依然嚴重，社會和種族矛盾持續發酵，在對外行動上減少干預，全面內顧。歐洲近年來危機不斷，債務困境、難民湧入和暴恐活動的多重衝擊致使其一體化進程明顯受挫，在改善全球治理方面力不從心，其對外政策的內傾化趨勢也日益明顯。其結果是全球治理理念、原則和方式不能適應全球化的迅速發展和全球性問題的大量湧現，規則的供應在質量上和數量上落後於實際需求。[①] 全球治理供給與需求之間的矛盾加劇了全球治理的失靈和世界秩序的紊亂，極端伊斯蘭國崛起、敘利亞內戰、烏克蘭危機等都是全球和地區治理體系失敗的直接結果。

全球治理失靈呼喚新型的全球治理方案。作為社會主義大國和世界第二大經濟體，中國迫切需要超越西方治理經驗，尋求新的全球問題解決之道。對此，中國領導人具有清醒的認識和長遠的考慮。習近平在德國科爾伯基金會的演講中指出，我們將從世界和平與發展的大義出發，貢獻處理當代國際關係的中國智慧，貢獻完善全球治理的中國方案，為人類社會應對21世紀的各種挑戰做出自己的貢獻。[②] 在哲學社會科學工作座談會上，習近平強調要圍繞中國和世界發展中面臨的重大問題，著力提出能夠體現中國立場、中國智慧、中國價值的理念、主張、

---

① 秦亞青. 全球治理失靈與秩序理念的重建 [J]. 世界經濟與政治，2013 (4).

② 習近平. 在德國科爾伯基金會的演講 [N]. 人民日報，2014-03-30 (2).

方案。① 在中國共產黨成立 95 週年慶祝大會上，他進一步明確指出，中國將積極參與全球治理體系建設，努力為完善全球治理貢獻中國智慧，同世界各國人民一道，推動國際秩序和全球治理體系朝著更加公正合理的方向發展。② 由此可見，全球治理已經成為新時期中國外交的重要內容和工作重心，不僅是中國營造良好國際環境，構建負責任大國形象的戰略需要，更是中國提升國際話語權，實現從大國向強國邁進的長遠之道。

從歷史視角看，中國參與全球治理經歷了一個從融入到引領的轉變過程。相應地，中國相對於國際體系的身分在中國的參與實踐中實現了從一個體系外的革命性國家到體系內的建設性國家的重塑。③ 新中國成立之後的相當長一段時期，中國一直面臨著以美國為首的西方國家的政治敵視、軍事封鎖和外交孤立，長期被排斥在聯合國、國際貨幣基金組織、世界銀行等國際治理機制之外。相應地，由於遊離在現行國際體系之外，中國將這些治理機制視為美國謀求全球霸權的政治工具，是推進世界革命的目標和對象。改革開放之後，中國逐漸融入現行國際體系之中，不僅加入了世界主要的治理機構，也簽署了大量的國際規章條約，同時不斷推進內部體制改革和政策調整，以適應新興的國際規範。這一時期，中國剛剛重返國際舞臺，對現行的治理機制有一個學習和適應的過程。進入 21 世紀以來，隨著國家實力的不斷提升以及全球問題的持續增加，中國開始更加積極主動地參與全球治理，通過聯合國維和行動、建立上

---

① 習近平. 在哲學社會科學工作座談會上的講話 [N]. 人民日報，2016-05-19 (2).
② 習近平. 在慶祝中國共產黨成立 95 週年大會上的講話 [N]. 人民日報，2016-07-02 (2).
③ 秦亞青. 實踐與變革：中國參與國際體系進程研究 [M]. 北京：世界知識出版社，2016：7.

海合作組織、推進朝核「六方會談」等方式為維護國際和地區穩定做出積極貢獻。黨的十八大召開以來，以習近平同志為核心的黨中央統籌國際國內大局，將全球治理的重要性提升至實現中華民族偉大復興和維護世界和平穩定的戰略高度，主動謀劃、積極作為，提出了一系列有關全球治理的新思想、新倡議和新舉措，開創了中國參與全球治理的嶄新局面。

在實踐層面，經過近年來持續的戰略投入和外交探索，中國參與全球治理的戰略佈局日益清晰。在全球經濟領域，中國積極推動20國集團從危機應對平臺向長效治理機制轉型。特別是在20國集團杭州峰會期間，中國作為主辦國，提出了構建「創新、活力、聯動、包容」的世界經濟新格局的主張，為推動全球經濟復甦和可持續增長提出了中國方案。在國際金融領域，中國一方面努力推動現有國際金融機構的份額和治理改革，提高了發展中國家在國際貨幣基金組織和世界銀行中的話語權；另一方面主導建立了「金磚國家」新開發銀行和亞洲基礎設施投資銀行（簡稱亞投行），推動國際金融秩序朝著更加公正合理的方向轉變。在世界發展領域，中國積極參與并全面履行聯合國2030年可持續發展議程，在自身力所能及的情況下加大對發展中國家和世界貧困地區的援助和投資力度，彰顯了中國的大國形象和責任擔當精神。在國際安全領域，中國進一步加大支持聯合國維和事業的力度，積極參與國際和地區熱點問題的調停，爭取通過和平方式解決領土和海洋權益的爭端，推動建立共同、綜合、合作、可持續的國際和地區安全架構。在氣候變化領域，中國與國際社會一道共同推動《巴黎全球氣候變化協定》的簽署和生效，以堅定的決心和強有力的領導推動全球氣候治理，為全球溫室氣體減排和人類可持續發展做出了重要貢獻。

中國參與全球治理最為重要的戰略舉措是「一帶一路」倡

議的提出。從 2013 年習近平在哈薩克斯坦和印度尼西亞相繼提出共建「絲綢之路經濟帶」和「21 世紀海上絲綢之路」，到 2015 年中國政府發布《推動共建絲綢之路經濟帶和 21 世紀海上絲綢之路的願景和行動》的政策文件，再到 2017 年「一帶一路」國際合作高峰論壇在北京盛大召開，「一帶一路」從無到有、由點到面、從理念變成現實，極大地改變了歐亞大陸和世界經濟的面貌，引起國際社會的強烈反響和積極回應。「一帶一路」倡議是新時期中國領導人站在實現國家民族復興和構建人類命運共同體的戰略高度，統籌國際國內大局所提出的指導中國未來數十年發展的大戰略，不僅有助於中國解決區域發展失衡，推動產業轉型升級，打造更高水平的對外開放格局，而且為歐亞大陸乃至全球的互聯互通、合作共贏指明了方向，同時也為推動建立更加開放、均衡、包容和普惠的新型全球化做出了有益的探索。從這個意義上講，「一帶一路」是中國為世界提供的一項重要國際公共產品，標誌著中國逐漸從國際體系中的「免費搭車者」轉變為國際公共產品的重要供給方。

「一帶一路」建設對於緩解全球治理失靈、維護世界和平穩定和共同發展做出了積極貢獻，同時也大大提升了中國在國際體系和全球治理中的話語權。在物質層面，「一帶一路」順應了沿線國家尋求發展、快速實現工業化的普遍願望，重點加強基礎設施、產能對接、貿易往來和相互投資等領域的合作。在基礎設施方面，中國充分利用自身技術優勢、資金儲備和豐富的建設和管理經驗，同時撬動和動員國際社會資源，推動「一帶一路」沿線國家在道路、航空、海運、通信、網路等領域的互聯互通，為沿線國家經濟發展和區域合作提供良好的設施保障。在產能合作方面，中國已經同數十個國家開展了機制化的產能合作，一大批標誌性項目工程進展順利，實現了中國製造業與沿線國家資源和勞動力的深度融合，推動了各種生產要素的優

化配置。在貿易往來方面，中國與沿線國家大力實行貿易自由化、便利化的戰略舉措，貿易成本大大降低，貿易總額實現快速增長。2014—2016年，中國同「一帶一路」沿線國家貿易總額超過3萬億美元。在相互投資方面，中國與「一帶一路」沿線國家的雙向投資大幅增加，特別是中國與20多個國家建設了56個境外合作區，向「一帶一路」沿線國家的各種投資累計超過500億美元。中國通過物質性公共產品的供給有力地改變了沿線國家的經濟發展和工業化面貌，同時也為世界經濟增長提供了新的動力，提升了中國在全球經濟治理中的國際話語權。

在製度層面，中國主要通過對現有合作機制的繼承、整合與創新來推進「一帶一路」建設。在繼承方面，「一帶一路」建設強調利用現有的雙邊和多邊合作機制，一方面加強雙邊合作，充分發揮現有的工作機制的作用，推動雙邊關係全面發展；另一方面強化現有多邊合作機制的作用，發揮上海合作組織（SCO）、中國—東盟「10+1」體系、亞太經合組織（APEC）、亞歐會議（ASEM）、亞洲合作對話（ACD）、亞信會議（CICA）、中阿合作論壇、中國—海合會戰略對話機制、大湄公河次區域（GMS）經濟合作、中亞區域經濟合作（CAREC）等機制的作用。在整合方面，中國積極推動與「一帶一路」沿線國家在基礎設施、貿易投資、市場准入、海關監管等方面的製度銜接與規則對接，顯著降低了製度性交易成本，推進區域一體化進程不斷向前發展。在創新方面，中國根據「一帶一路」建設的現實需求，積極打造新興的合作平臺，特別是創造性地設立亞洲基礎設施投資銀行和絲路基金。兩大金融機構的建立和運行是中國參與國際金融領域公共物品供給的重大嘗試，不僅為「一帶一路」建設項目的開展提供了強有力的資金和製度保障，而且有利於構建更加公平合理的國際經濟金融秩序。在「一帶一路」合作框架下，通過對現有機制的繼承、整合與創

新，提升了中國在國際體系中的製度性話語權。

在文明層面，中國倡導不同文明之間的對話、和解與合作，為「一帶一路」建設注入人文精神。自近代以來，西方國家通過商業擴張、殖民徵服和對外戰爭確立起在現代國際體系中的主導地位。在此基礎上，西方國家構建出一套一元主義的文明觀，即西方文明是普世性的，是通向人類繁榮進步的唯一道路。非西方國家只有放棄自己的傳統價值，學習西方文明，才能實現現代化。然而，在這套二元對立的思維模式之下，我們看到的是世界不同文明之間的隔閡、對抗和衝突，以及由此衍生出來的諸如種族矛盾、宗教紛爭和恐怖主義等全球問題。正是基於對西方文明的深刻反思，在推進「一帶一路」建設的過程中，中國在理念層面大力弘揚和平合作、開放包容、互學互鑒、互利共贏的絲綢之路精神，同時基於全球化和人類相互依存的國際現實大力提倡共商、共建、共享的治理理念，努力超越霸權主導邏輯和零和博弈思維，走出一條合作共贏的新型發展道路。在實踐層面，中國大力推進民心相通工程，不斷加強與沿線國家在科學、教育、文化、衛生、民間交往等各領域的廣泛合作，為「一帶一路」建設奠定了堅實的民意基礎。通過這些理念創新和實踐探索，中國的道路、政策和話語日益被沿線國家乃至世界理解、認同，提升了中國在國際文明交往中的話語權。

總之，「一帶一路」建設是新時期中國參與全球治理的重大創新之舉。經過幾年的努力建設，「一帶一路」建設在物質合作、製度對接和文明交流三大層面都取得了實實在在的成果，有力地改變了世界經濟面貌和全球治理格局，推動著中國國際地位和話語權的顯著提升。儘管如此，「一帶一路」建設畢竟是一個世紀工程，體系宏大、領域眾多、規模空前，這一美好藍圖的實現絕非朝夕之功，而且存在諸多現實和潛在的挑戰。從這個意義上講，「一帶一路」建設提升中國國際話語權的過程將

是一個循序漸進的過程。基於此，本書從國際話語權視角審視「一帶一路」建設，在對國際話語權相關概念和基礎理論進行分析的基礎上，著重從經濟、製度和文化三個層面系統梳理「一帶一路」提升中國國際話語權的內在機理，并深入分析在這一過程中存在的風險、挑戰及其政策應對。

# 第一章 國際話語權：
概念釋義及理論基礎

　　自從法國著名的哲學家米歇爾・福柯（Michel Foucault）提出「話語即權力」命題以來，「話語權」就一直為學界所關注，成為多個學科領域持續性關注的一個論題。理論源於實踐。「話語權」研究的興起與現實中的各種話語權論爭密切相關。「國際話語權」作為一個論題的形成也正是源於國際社會中國家為追求自身利益最大化而進行的種種行為實踐。國際話語權既彰顯了一國的整體實力及其國際影響力，也反過來促進著該國實力的提升。正如導論所述，「冷戰」結束後國際格局正重新洗牌，中國的強勢崛起必然導致中國國際話語權的提升，這是時代的呼喚，也是中國實現自身利益的要求。所以，加強對國際話語權的研究，既是理論建構的需要，也是實踐的要求。本章主要從理論層面對國際話語權的概念及理論基礎進行梳理和解析。

## 第一節　關於國際話語權的研究綜述

### 一、國外研究綜述

　　關於國際話語權的研究，國外學界起步於 20 世紀 70 年代，

主要是從「話語權」這一本身概念入手，致力於從各個領域與角度解析「話語」的作用，探索「話語」與「權力」的關係，涉及包括哲學、社會學、政治學及傳播學等在內的多個學科。

在哲學領域，最早將「話語權」作為一個獨立概念提出的是福柯，他深刻闡釋了話語和權力的關係。在福柯的觀點中，話語權力是通過知識的傳播而得以運作的，并通過語言的運用而得以體現，話語即權力。① 在國際交往裡，誰擁有話語權，誰就擁有了決定國際社會輿論走向的權力。英國哲學家阿蘭·謝里登（Alan Sheridan）延續了福柯的觀點，對其觀點進行了再次的梳理與解構，并進一步探討了福柯關於「知識」與「權力」關係的觀點。②

在社會學領域，法國社會學家布爾迪厄（Pierre Bourdieu）進一步揭示了語言和權力的關係。他強調語言產生的社會基礎，認為任何合法語言都是由國家體制擔保的某種符號權力的結果。③ 英國學者諾曼·費爾克拉夫（Norman Fairclough）也認為語言使用中的變化方式與廣泛的社會文化過程息息相關，當代社會話語的使用與社會的變化密不可分。④ 加拿大學者阿德里娜·S.尚邦（Adrienne S. Chambon）、阿蘭·歐文（Allan Irving）以及美國學者勞拉·愛潑斯坦（Laura Epstein）則從話語、權力

---

① J. 丹納赫, 等. 理解福柯 [M]. 劉瑾, 譯. 天津：百花文藝出版社, 2002.
② 阿蘭·謝里登. 求真意志：密歇爾·福柯的心路歷程 [M]. 尚志英, 許林, 譯. 上海：上海人民出版社, 1997.
③ 皮埃爾·布爾迪厄. 言語意味著什麼——語言交換的經濟 [M]. 褚思真, 劉暉, 譯. 北京：商務印書館, 2005.
④ 諾曼·費爾克拉夫. 話語與社會變遷 [M]. 殷曉蓉, 譯. 北京：華夏出版社, 2003.

以及主體性的角度去發掘社會工作身分的斷裂和轉折過程。①

在政治學領域，美國著名學者約瑟夫·奈（Joseph Nye）率先在國際關係研究中提出「軟實力」（或稱為「軟權力」）(Soft Power) 這一概念。他認為，軟實力是指通過吸引而非依靠強迫或者利誘而對他人產生影響，獲得自己所期望結果的能力，主要有文化、價值觀和對外政策三個來源；一個國家要充分發揮自身軟實力，與其在國際交往中的話語權力大小密不可分。② 法國政治學家克里斯托夫·杜邦（Christophe Dupont）探討了國際談判中國家話語權的作用和特點。③ 美國國際關係學教授薇安·A. 施密特（Vivien A. Schmidt）則梳理了20世紀80年代初期歐洲國家在全球化、一體化和現代化趨勢下各國經濟政策調整的深層因素和現實效果，并由此剖析了公共話語在各國政策實踐中的多重影響力。④

此外，在傳播學領域，美國新聞學者沃爾特·李普曼（Walter Lippmann）提出了「擬態環境」的概念。他認為，人們生活在一個由大眾傳播媒介所構建的「虛擬環境」中，人的行為已經不再是對客觀環境及其變化做出的反應，而是對新聞機構提示的某種「擬態環境」的反應。在這樣的環境下，掌握話語權就能在很大程度上掌控公共輿論。⑤

---

① 阿德里娜·S. 尚邦，阿蘭·歐文，勞拉·愛潑斯坦. 話語、權力和主體性——福柯與社會工作的對話 [M]. 郭偉和，譯. 北京：中國人民大學出版社，2016.

② 約瑟夫·奈. 軟實力 [M]. 馬娟娟，譯. 北京：中信出版社，2013.

③ 克里斯托夫·杜邦. 談判的藝術 [M]. 孫廷元，熊志勇，譯. 北京：中國文聯出版公司，1992.

④ 薇安·A. 施密特. 歐洲資本主義的未來 [M]. 張敏，薛彥平，譯. 北京：社會科學文獻出版社，2010.

⑤ 沃爾特·李普曼. 公眾輿論 [M]. 閻克文，江紅，譯. 上海：上海人民出版社，2002.

## 二、國內研究綜述

在國內學界，以「國際話語權」為對象的學術研究較西方起步稍晚，主要興起於進入21世紀以後，且研究方向較少停留在「話語權」本身，而是更多地將「話語權」與其他概念相結合進行研究。

在進入21世紀以前，國內學術界有少量關於「話語權」的研究文獻。最早在學術文章中使用「話語權」這一概念的是在1994年發表於《文藝理論研究》上的《批評中的「搶占話語權」》一文，這篇文章中的「話語權」主要是語言學和傳播學意義上的話語權力，形成了早期國內研究「話語權」的主要方向。① 劉鋒杰、戈雪都先後從這一角度探討了「話語權」的特點和重要性。② 同時，這個時期有部分學者在關注西方的霸權主義與中國的反霸權思想時開始意識到了話語的重要性，林伯承、王英烈以及唐家柱雖然未在文章中直接使用「話語權」一詞，但已經初步有了要向世界傳遞中國聲音的思想。③ 但必須要承認的是，這一時期針對國際話語權的文章幾乎沒有，即使涉及話語權，也多是從語言學或者傳播學的角度對其進行研究，并沒有上升到國家話語權探究的層面，因此并不能算成國內學界國際話語權研究的起步。

---

① 批評中的「搶占話語權」[J].文藝理論研究，1994（6）.參見：陶東風，金元浦.從碎片走向建設——中國當代審美文化二人談[J].文藝研究，1994（5）.

② 戈雪.試論「武漢作家群」及武漢評論界話語權：兼與陳曉明先生商榷[J].芳草，1999（4）；劉鋒杰.人的文學與20世紀中國批評的話語權[J].文藝理論研究，1999（4）.

③ 林伯承.中國永遠是維護世界和平的堅定力量：學習鄧小平同志關於反對霸權主義、維護世界和平的思想[J].國際政治研究，1997（1）；王英烈、唐家柱.鄧小平對毛澤東反霸權思想的繼承與發展[J].社會主義研究，1999（4）.

進入 21 世紀以後，國內關於國際話語權的研究逐漸多了起來，并且呈現出多元化的發展態勢，主要有以下幾種主流研究方向：

(一) 從意識形態角度對國際話語權進行研究

這種研究方向主要在公元 2000 年前後最為廣泛，這與中國當時所處的國際環境密不可分。

剛剛邁入 21 世紀的中國正全面融入國際社會。學者們的主要任務在於為國家處理改革開放後融入國際社會中的各種問題提供理論支持。因此，這一時期針對國際話語權的研究多半被置於「中國融入國際社會」「中國與國際接軌」「中國的改革開放」「中國進入市場化與現代化的進程」這些背景之下，自然要考慮融入國際社會之後如何保持馬克思主義意識形態的領導地位、體現馬克思主義意識形態的優越性等論題。

侯惠勤強調在西方強勢文化的包圍中，如果中國失去了意識形態的話語權，也就等同於表示中國將面臨國家安全的危機。[①] 章仁彪指出，在當前全球化的語境下，不得不重視馬克思主義意識形態的話語權，切不可在西方的話語霸權之下患上「失語症」。[②] 戈士國則著重強調馬克思主義意識形態在面對西方資本主義時的整合力與結合力，從另一個角度肯定了話語權的重要性。[③]

不難看出，早期學者在這一方向的研究多致力於維護馬克

---

[①] 侯惠勤. 弱化與強化：意識形態的當代走向與馬克思主義的話語權——論鄧小平理論和「三個代表」重要思想的一大理論創新 [J]. 毛澤東鄧小平理論研究，2004 (6).

[②] 章仁彪.「全球化」語境下的馬克思主義話語權 [J]. 毛澤東鄧小平理論研究，2004 (12).

[③] 戈士國. 合理性與合法性：意識形態的現代走向——兼論馬克思主義話語權的當代重建 [J]. 理論與改革，2005 (3).

思主義意識形態的絕對領導地位，目的是維護國家意識形態安全。而在國家已經日漸強大的今天，這種研究方向也發生了一定變化，陳以定、周銀珍、李俊卿以及張澤一都跳出了過去面對西方衝擊時被動維護意識形態領導地位的研究思路，而用更加主動的眼光去研究如何在當今條件下展現中國魅力、傳遞中國聲音，從意識形態領域提升中國的國際話語權。①

(二) 從國家形象角度對國際話語權進行研究

這種類型的研究主要興起於公元 2008 年前後。在這一年中，北京奧運會、汶川大地震以及西藏「3/14」事件的相繼發生引發了西方媒體對中國進行大量或正面或負面的報導，同時也激起了學界對於國家形象以及國際話語權的重視，再加之西方國家對於中國「中國威脅論」「中國強勢論」等一系列的抹黑與污名化，國內學界開始了將國際話語權與國家形象結合起來進行研究。

王嘯提出，話語作為一種具有建構功能的社會實踐，能通過干預主體的認知過程進而影響認知結果，而中國由於話語權意識淡薄，在一定程度上喪失了自身國際形象塑造的話語主導權。因此，他認為應當在對外交往中弘揚中華文化精髓，充實有吸引力的話語內容，同時強化中國國際對話的參與能力，擴大國際對話交流平臺；此外還要完善中國模式，增強中國話語對不同對象的話語感召力。② 胡宗山、葉淑蘭則從駁斥西方「中

---

① 周銀珍. 意識形態視域下中國國際話語權頂層設計 [J]. 江漢大學學報(社會科學版)，2015 (3)；李俊卿，張澤一. 國際較量視域下中國意識形態話語權的建構 [J]. 毛澤東鄧小平理論研究，2015 (8)；陳以定. 當代中國外交中意識形態建設與國際話語權建構：基於中國外交話語分析視角 [J]. 學術界，2012 (7).

② 王嘯. 國際話語權與中國國際形象的塑造 [J]. 國際關係學院學報，2010 (6).

國威脅論」的角度強調了話語權的重要性。他們認為國際話語權本質上反應的是一種國際政治權力關係，事關國家利益的維護和國家形象的改善。當前國際輿論場上存在著「西強中弱」的情況，中國遭到西方強勢話語的圍堵、壓制和攻擊，同時受到西方媒體、國家的話語攻擊和黑白顛倒，面對「中國威脅論」以及國際話語權上的「話語窪地」和「話語逆差」，政府、學界以及媒體需要共同努力。①

（三）在與西方國家話語權構建的對比中研究中國國際話語權

必須承認的是，無論是在國際話語權的理論研究還是實踐措施之中，西方發達國家確實要稍微領先中國一步。因此，許多學者便將研究方向放在了對西方國際話語權理論及實踐的分析之上，通過對西方話語權理論及實踐的研究，為中國的國際話語權建設提供理論參考和現實建議。

在理論層面，但興悟對比了中西的霸權觀，認為中西霸權觀關於霸權合法性的截然對立是雙方政治文化和話語體系的差異造成的，因此中國要建立起自己的話語體系，而且這種話語體系必須要在保持自身特性、體現自身利益的同時又能適應當今世界的發展的要求。② 莫凡、李惠斌通過分析馬克思破解西方「私有財產權——自由」話語範式得出了對當前中國提升話語權的啟示，認為「破解西方話語霸權」是提升當代中國國際話語

---

① 胡宗山. 中國國際話語權芻議：現實挑戰與能力提升 [J]. 社會主義研究，2014（5）；葉淑蘭. 中國「和平發展」話語權探討：爭論與反思 [J]. 社會科學，2012（6）.

② 但興悟. 中西政治文化與話語體系中的霸權：中西霸權觀比較 [J]. 世界經濟與政治，2004（9）.

權的基礎和關鍵。① 曾毅、楊光斌分析了西方構建民主話語權的理論邏輯，并指出話語權的構建靠的是實際行為而不是表面話語。②

在實踐層面，甘均先分析了以東方主義為代表的近代殖民主義話語、以美國外交中的國家分類學為代表的當代新帝國主義話語，指出在西方霸權主義話語占據絕對優勢的情況下，非霸權話語只有通過對話才能有效降低霸權的權力效應。③ 楊威、曾志潔探索了西方國家掌握國際話語權的軍事策略、經濟策略和軟實力策略，并據此提出了中國提升自身國際話語權的相應措施，即在國際話語權建設上應當打好根基、抓住對象、建好平臺以及「軟硬兼施」④。張峰則通過分析西方國家國際話語權的構建經驗，指出中國應當採用國際社會通用的概念範疇來爭取中國的話語權，并用歷史的眼光、辯證的觀點、學術的視野來用好融通中外的概念範疇。⑤

（四）研究中國國際話語權的具體構建

對比前面的三種研究角度，下面要闡述的是國內學界研究國際話語權的主流研究方向，其學術文獻數量也最為龐大。因為「國際話語權」是國際政治舞臺上一個極為重要的概念，因此如何使相關學術研究成果轉化為實踐對策，一直是學者們努

---

① 莫凡，李惠斌．提升當代中國國際話語權的若干思考——基於馬克思破解西方話語的歷史考察 [J]．鄭州大學學報（哲學社會科學版），2015 (5)．

② 曾毅，楊光斌．西方如何建構民主話語權——自由主義民主的理論邏輯解析 [J]．國際政治研究，2016 (2)．

③ 甘均先．壓制還是對話——國際政治中的霸權話語分析 [J]．國際政治研究，2008 (1)．

④ 楊威，曾志潔．西方國家掌握國際話語權的主要策略 [J]．中共南京市委黨校學報，2016 (1)．

⑤ 張峰．打造融通中外的概念範疇——中國爭取國際話語權的要訣在哪 [J]．人民論壇，2016 (19)．

力的方向。對這一部分研究文獻進行梳理，主要可以分為三個類型：

1. 從宏觀整體上研究中國國際話語權的構建

這一類型的研究主要是從近年來「全球化」「國際關係變革」等宏觀背景出發，以整體把握的形式來探究中國國際話語權的構建。

梁凱音是這一類型研究的代表性學者，她前後在數篇文章中以全球化為背景，從宏觀角度研究了中國國際話語權的構建，重點強調中國「負責任的大國」這一定位與話語權構建的關係。她認為，爭取更多的國際話語權是中國應對當前西方國家主導的國際體系的一種訴求，而「負責任的大國」是中國國際話語走向全球化的驅動力，是有效拓展中國國際話語權的保障支持，并從中國「負責任的大國」的實際定位、本質內容以及表現形式三個方面給予論證。[①] 同時，梁凱音認為新的國際關係變化使得世界格局發生重大調整，這樣的條件下中國要積極維護和增強自己的國際話語權，在國家核心利益的前提下展示「負責任大國」的大國風範，發展科學的國際觀以爭取國際話語權競爭中的主動權。[②]

吳賢軍的專著《中國國際話語權構建：理論、現狀和路徑》研究了國際話語權的概念、理論來源及中國構建國際話語權的重要意義、歷史進程、主要任務及薄弱環節等，并對完善中國國際話語權構建的原則和路徑進行了分析。這是目前研究國際

---

① 梁凱音. 中國在全球化進程中的國際話語權 [J]. 廣東社會科學，2015 (1).

② 梁凱音. 論當前國際關係新變化下中國「負責任大國」的定位 [J]. 中國青年政治學院學報，2010 (4).

話語權的較為系統的一部著作。①

此外，江湧、譚培文、王立華以及許星杰格外強調對國際輿論場上「西強中弱」狀況的應對。這些學者認為，由於缺乏建立在自身文化之上的話語、自己的話語自信不夠以及欠缺融通中外的新概念新範疇新表述的能力，再加之西方話語滲透到中國的各學科、各領域、各行業之中，當前國際輿論格局呈現出「西強中弱」的局面。要在這樣的條件下構建中國的國際話語權，最主要的是要加強話語體系自信和實踐自信，提升掌握更多國際話語權的信心。一方面要把握話語主動權，抵禦西方話語霸權進攻態勢；另一方面要從自身話語實際出發，構建中國特色的話語體系，增強話語自信。② 針對這一情況，部分學者還進一步提出了國際話語權競爭中中國應當採取的細化措施。鄒應猛認為中國可以從「中國範式」的形成、中國理論水平的提高、外交政策的調整及國際傳播能力的增強四個方面入手提高自身話語權③；檀有志則指出要提升國際話語權，必須對中國公共外交體系進行理念、功能、結構、部件、資源五個層面的頂層設計④。

2. 在具體領域中研究中國國際話語權的構建

這一類型的研究大多將「國際話語權」這一概念放入相對

---

① 吳賢軍. 中國國際話語權構建：理論、現狀和路徑 [M]. 上海：復旦大學出版社，2017.

② 江湧. 中國要說話，世界在傾聽：關於提升中國國際話語權的思考 [J]. 決策探索，2010 (6)；譚培文. 加強基於中國實踐的中國話語權建設 [J]. 思想理論教育，2015 (3)；王立華，許星杰. 中國國際話語權建構研究 [J]. 河南社會科學，2015 (2).

③ 鄒應猛. 國際體系轉型與中國國際話語權提升戰略 [J]. 東南亞縱橫，2010 (10).

④ 檀有志. 國際話語權競爭：中國公共外交的頂層設計 [J]. 教學與研究，2013 (4).

較小的具體領域中進行探究，目的在於推進中國在各領域相應國際話語權的建設。

沈壯海對國際學術領域中中國話語權的構建進行了研究，指出國際學術話語權是繁榮學術之需、提升國家軟實力之重、維護國家意識形態安全之要。因此，必須採取以下措施來構建屬於中國的國際學術話語權：首先要將學術話語體系和話語權的探討與建設放入更宏大、更深層的背景中來認識；其次要將其建設深深植根於以內涵與質量為主題的紮實的當代中國學術建設進程中；再次要立足中國、面向世界，積極構建開放包容、客觀公正的學術發表與評價機制；最後必須處理好學術話語體系與話語構建中的一系列關係。①

王明國、龐中英以及王瑞平則注重探究全球治理轉型條件下中國製度性話語權的提升。他們指出，「製度性話語權」是黨中央有關全球治理論述的一種新提法，包括製度性權力和話語權力，在全球化治理中格外重要。而在當今國際製度領域，作為後來者的中國，由於缺乏製度話語權的構建意識，面臨著不小的挑戰。因此，中國需要在全球治理中積極反應發展中國家的正義呼聲、夯實本國製度性話語權的物質基礎、增強自身的國際製度傳播能力。②

何銀則致力於研究聯合國維和事務中中國的維和話語權建設，劃分了會員國在聯合國維和事務中的應得話語權和實得話語權，分析了中國在聯合國維和事務中存在嚴重的話語權赤字的原因，認為應該從聯合國角度以及中國自身角度出發來加強

---

① 沈壯海. 試論提升國際學術話語權 [J]. 文化軟實力研究，2016 (1).
② 王明國. 全球治理轉型與中國的製度性話語權提升 [J]. 當代世界，2017 (2)；龐中英，王瑞平. 全球治理：中國的戰略應對 [J]. 理論參考，2014 (2).

中國的維和話語權建設。①

3. 探索具體事件或政策中中國國際話語權的構建

這主要是在2010年前後興起的一種研究方式，此時的中國在國際上已經獲得了較高地位，在國際交往中開始掌握更大主動權，南海維權行動、G20峰會以及「一帶一路」戰略的提出都使學者們開始透過具體事件來透視中國國際話語權的發展與構建，其研究也主要圍繞這幾件重大事項展開。

邵先成以南海維權行動為切入點，主張以符合國際法和國際公益的方式向國際社會介紹中國的維權行動，從而證明中國南海維權行動的合理性和防禦性，避免引起「中國強勢論」。他認為，當前中國在維權行動中的國際話語權構建存在以下三點不足：國內學者與國內媒體沒有發揮應有的作用；國內學者成果少，存在大量重複性觀點；國內媒體國際傳播能力弱，難以轉化為有效的國際話語權。最後從政府、學者和媒體層面提出了在維權行動中提升中國國際話語權的對策。②孫文莉、謝丹則依據G20峰會召開的背景剖析了中國在G20平臺中的角色定位，并從三個視角探討中國進一步提升製度性話語權的有效途徑。③中國對外戰略研究中心主任金燦榮則指出，將G20峰會放在國際關係角度看，國家間的競爭主要體現在三個層面：一是產品競爭，二是技術競爭，三就是話語權競爭。④

特別要指出的是，以「一帶一路」戰略為背景的中國國際

---

① 何銀. 聯合國維和事務與中國維和話語權建設 [J]. 社會科學文摘, 2017 (3).

② 邵先成. 中國南海維權行動中的國際話語權研究 [J]. 世界經濟與政治論壇, 2016 (3).

③ 孫文莉, 謝丹. G20平臺的製度性話語權：中國定位及提升途徑 [J]. 國際論壇, 2016 (6).

④ 李俊強. G20對於中國崛起意味著什麼——專訪中國對外戰略研究中心主任金燦榮 [J]. 祖國, 2016 (17).

話語權構建研究開始興起。王義桅、劉再起以及王蔓莉重點強調了「一帶一路」戰略對中國國際話語權構建的重要性，認為「一帶一路」戰略正將中國的規模優勢、後發優勢、歷史文化優勢通過製度優勢實現倍增，并轉化為結構性權力與製度性話語權。這一戰略會推動中國崛起，重塑經濟全球化話語權，走出「西方中心論」的困境。① 袁賽男、生忠軍、王婷婷以及崔惠茹則將研究重點放在探索中國在面對西方汙衊時的話語權構建之上，認為「一帶一路」戰略是中國擴大國際話語權的重要契機，面對西方將「一帶一路」曲解為「中國版馬歇爾計劃」「能源掠奪」，誤讀為「遏制美國」時，中國應該弱化崛起理念，強化共享理念；弱化政治色彩，強化文化吸引；弱化同一傳播，強化差異傳播。② 吳賢軍、王秋彬以及崔庭赫更注重探索「一帶一路」戰略中中國國際話語權構建的現實路徑。吳賢軍認為當前中國實施大國戰略遭遇了國際話語困境，必須以話語整合闡釋戰略內涵，以利益協調加強依賴程度，以民間交往開闢聯通渠道；而王秋彬與崔庭赫認為中國在「一帶一路」戰略中構建國際話語權的最大問題在於傳播領域、傳播平臺、傳播內容、傳播效果以及競爭意識的不足，推進國際話語權構建需要推進旨在加強「一帶一路」邏輯性和說服力的理論研究，理解并回應相關國家的利益關切，同時充分利用國際媒體平臺，傳播中國

---

① 王義桅.「一帶一路」：重塑經濟全球化話語權［J］.紅旗文稿，2016（21）；劉再起，王蔓莉.「一帶一路」戰略與中國參與全球治理研究——以話語權和話語體系為視角［J］.學習與實踐，2016（4）.

② 袁賽男.中國國際話語權的現實困境與適時轉向——以「一帶一路」戰略實施中的新對外話語體系為例［J］.理論視野，2015（6）；生忠軍，王婷婷，崔惠茹.講好中國故事，傳播好中國聲音——「一帶一路」戰略背景下的大國擔當與話語權建構［J］.安徽商貿職業技術學院學報（社會科學版），2016（3）.

聲音，為「一帶一路」發聲造勢。①

通過上述文獻整理不難發現，當前中國關於「國際話語權」的研究涉及領域廣、研究角度多，但同時也存在一定的不足，主要有以下三點：第一，針對「話語權」本身的學術性研究較少，在理論研究層面有所欠缺，理論深度有待挖掘；第二，重複性成果較多，創新性成果較少；第三，缺乏具體構建措施研究，文獻多停留於宏觀描述的層面，未對話語權構建措施進行深入的可行性分析和細節性探討。而關於「一帶一路」與中國國際話語權的研究，多數是就事論事型分析，缺乏深入的理論闡釋和全面的實證分析。

基於上述研究中的不足，本書將理論闡釋作為研究基礎，并構建國際話語權的內生機制及其運行；再結合「一帶一路」實踐，分析中國提升國際話語權的路徑及方法和對策。

## 第二節　話語及話語權

在所有研究者當中，福柯既是話語權研究的始作俑者，也是研究話語權最為系統、影響最大的學者。但凡研究話語權的人，都會從福柯的理論中尋找理論源泉和思想靈感。福柯向我們展示了關於話語權的立體式圖景，其理論本身就是學界的一種「話語」，直至今日仍未過時，并散發出強大的闡釋力。

### 一、福柯的「話語」及「話語權」

從日常的意義上講，「話語」（Discourse）一般指論述、交

---

① 吳賢軍. 國際話語權視域下的「一帶一路」戰略實現路徑研究 [J]. 中共福建省委黨校學報，2015（2）；王秋彬，崔庭赫. 關於加強「一帶一路」國際話語權構建的思考 [J]. 公共外交季刊，2015（4）.

談、演說、討論等,是人們表述觀念、交流思想、傳遞信息的基本形式載體,與「言語」蘊含的意義相近。《辭海》對「話語」的解釋是「運用中的語言」①,《中國百科大辭典》對「話語」的定義是「語義上能表達一個相對完整的意思或思想的一句以上的話或書面上的成段的文句」②。「話語」產生之初的表現形式是現代語言學之父索緒爾提出的「言語」(Parole)。他認為語言是言語活動中一個確定的部分,是社會集團約定俗成的規則;而言語則是為達到傳播目標而對語言的實際使用,是「至少發生在兩個人之間的行為」③。這是語言學語境下對「話語」概念的理解:「話語」與「言語」幾乎等同,是人們在互動過程中對語言的實際運用。單純語言學意義上的「話語」並不能滿足哲學社會科學的發展要求,它需要被賦予更多的社會意義和語義內涵。對此做出重大貢獻的當屬福柯。

福柯認為,「人們所能聽到的、在它們的文本的形式中讀到的『話語'并不像人們所想像的那樣,是一個純粹的和簡單的事物和詞的混雜體」,「話語不是現實和語言之間的一個接觸或者面對的狹窄表層詞彙和體驗的混合體」。在福柯看來,話語是一套符號系統,但他的任務不是把話語當成符號的整體來研究,而是把話語作為系統地形成這些話語所言及的對象的實踐來研究,「話語是由符號構成的,但是,話語所做的,不止是使用這些符號以確指事物。正是這個『不止'使話語成為語言和話語所不可縮減的東西,正是這個『不止'才是我們應該加以顯示

---

① 夏徵農. 辭海 [M]. 上海:上海辭書出版社, 2000:479.
② 《中國百科大辭典》編委會. 中國百科大辭典 [M]. 北京:華夏出版社, 1990:506.
③ 吳賢軍. 中國國際話語權構建:理論、現狀和路徑 [M]. 上海:復旦大學出版社, 2017:12.

和描述的。」① 在福柯看來，話語不再是一個封閉的符號結構，而是被置於一個複雜的社會網路中，成為構成人類知識和活動的一種實踐方式，其存在的意義遠遠超出了語言學範疇，被賦予更多的社會和歷史意義。福柯認為：「話語意味著一個社會團體依據某些成規將其意義傳播於社會之中，以此確立其社會地位，并為其他團體所認識的過程。」② 福柯假定「在任何社會中，話語的生產是根據一定程序被控製、選擇、組織和再分配的」③。正是如此，話語要受到諸多社會歷史條件的影響和制約。話語不是簡單的語言仲介，而是人類重要的實踐活動，或者說，人類的歷史文化是由各種「話語」組成的，我們與世界的關係只是一種「話語」關係。

福柯對於話語的理解已經被學界普遍接受，而他提出的更廣為人知的命題則是「話語即權力」。福柯認為，「一切事物都可以歸結為兩樣東西：權力和話語（知識）」④，「權力製造知識」，「權力和知識是直接相互連帶的；不相應地構建一種知識領域就不可能有權力關係，不同時預設和構建權力關係就不會有任何知識」，「權力—知識，貫穿權力—知識和構成權力—知識的發展變化和矛盾鬥爭，決定了知識的形式及其可能的領域」⑤。在福柯看來，由語言建構的知識學科，構成了對世界與人的一種規約（Discipline），真理不過是語言的建構物，反過來

---

① 米歇爾·福柯. 知識考古學［M］. 謝強，馬月，譯. 北京：生活·讀書·新知三聯書店，1998：61-62.

② 王治河. 福柯［M］. 長沙：湖南教育出版社，1999：159.

③ 黃華. 論「話語的秩序」——福柯話語理論的一次重要轉折［J］. 北京行政學院學報，2006（2）.

④ 楊鮮蘭. 構建當代中國話語體系的難點與對策［J］. 馬克思主義研究，2015（2）.

⑤ 米歇爾·福柯. 規訓與懲罰［M］. 劉北成，楊遠嬰，譯. 北京：生活·讀書·新知三聯書店，1999：29-30.

語言又生產了一套真理體制，為權力運作提供必要的知識，形成一套知識管理技術，乃至一種知識政治（Politics of Knowledge）[1]。知識政治、知識權力在本質上就是話語政治、話語權力，只不過，「話語權力是外在地表現出來的知識權力，而知識權力則內在地給話語權力提供了源源不斷的動力」[2]。福柯將知識、話語與權力相互融通，創造性地詮釋了「話語即權力」命題。

話語一旦超出語言學上的工具性含義并且與社會製度和社會實踐聯繫在一起，話語本身所承載的功能便被無限放大，成為我們理解整個世界的關鍵。也正是從這個邏輯出發，福柯賦予「話語」以「權力」內涵，這便是我們所說的「話語權」。那麼，話語能夠產生權力的內在機制是什麼？話語權的根基在於建構意義和生產真理，而這也是話語能夠產生權力的根源。話語的意義建構和真理生產，不能從話語與其所指的物的對應性去尋找，而應從話語的規定中去發現。對話語的規定既來自外部，也來自內部。福柯認為，對話語的外部規定所遵循的是「排異原則」，包括一些禁忌，而最具統攝作用的則是真理和謬誤的區分，一些禁忌在知識和真理的幌子下產生了「自然法則」的威力，「真理」由此成為真理，并排斥其他所有「謬誤」，不管這些「謬誤」有無真實物的對應性。話語的內部規定包括如何分類、排序和分配，它們遵循「從屬原則」，即次文本或評述對主文本的從屬、對作者的從屬、對科學規則的從屬。話語的外部規定的「排異原則」在橫向維度管理話語，內部規定的「從屬原則」在縱向維度管理話語，而在實際的話語限制中它們

---

[1] 張興成. 福柯與薩義德：從知識—權力到異文化表述 [J]. 天津社會科學，2001（6）.

[2] 吳賢軍. 中國國際話語權構建：理論、現狀和路徑 [M]. 上海：復旦大學出版社，2017：21.

又是密不可分的，不僅規範話語，也生產話語；話語的分配、禁忌等都是沿著早已建立的社會衝突戰線展開的，某些話語一旦在衝突中獲勝，就成為真理、學問、知識、總體，構成一個時代的人們走不出來的正規「檔案」（Archives）和「知識型」（Episteme），因為某種話語一旦成為真理，真理本身就掩蓋了真理意志以及這種意志的運作和變換，就使得話語本身的辭格性、建構性隱去，而呈現為帶有普遍性的所指。[1]「話語」的社會意義和真理價值一旦被建構，并與社會製度和社會實踐聯繫起來，就成為控製和約束社會的權力。從這個意義上講，話語就是權力。就「話語」與「權力」的關係而言，話語有三項功能：話語是情境性權力的載體，能在人與人之間分配權力，因為它具有塑造社會關係的功能；話語是結構性權力的載體，這使話語蛻化成習慣、慣例和製度，成為一種結構性的力量；話語為權力的根基進行辯護，這時「話語」涉及意義的建構和真理的生產。[2] 話語既作為權力的載體而成為權力的外在形式和傳播方式，也是權力的根基并與權力融合為一。這便是福柯後現代主義語境下的「話語權」。

「話語權」并非福柯的獨創概念，論述「話語權」者眾多。有學者將話語權觀大致分為三個流派：一派是以福柯、利奧塔、布迪厄等為代表的後現代主義學派的話語權觀，他們拒斥本質主義的、元敘事的、主體性的、邏各斯中心主義的話語權，關注個體的、碎片化的話語權；一派是以葛蘭西、阿爾都塞、哈貝馬斯等為代表的西方馬克思主義學派的話語權觀，他們對晚期資本主義的意識形態持批評態度，或主張爭奪話語權，或倡

---

[1] 郭軍. 福柯話語理論的西方馬克思主義之維 [J]. 馬克思主義與現實, 2015（1）.

[2] 莊琴芳. 福柯後現代話語觀與中國話語建構 [J]. 外語學刊, 2007（5）.

導話語民主權；一派是以賽義德、斯皮瓦克等為代表的後殖民主義的話語權觀，他們深受後現代主義與西方馬克思主義的影響，反對帝國主義或強勢群體的話語霸權，主張平等包容，消解西方話語霸權，認為弱勢群體也要發出自己真實的話語。① 但將話語權作為其學術體系核心元素并進行系統闡釋的，當屬福柯。福柯關於「話語即權力」的命題及其詮釋，深深影響著當代哲學社會科學的研究範式和敘述方式，成為學界最有滲透力、最具價值意義的「話語」之一。

### 二、「話語權」釋義

作為後現代主義話語的代表人物之一，福柯用「話語」解構了傳統所認為的物質世界與語言世界的規律對應性，而認為人類與世界只是一種「話語」關係，真理不過是話語和知識的建構物；話語通過確定真理和正規「檔案」而確立了普遍性的權威，話語通過規約團體和個人的社會意義而使權力產生，即是說，人們通過話語才賦予自身以權力。福柯的主要貢獻在於在「話語」和「權力」之間建立了一種天然的聯繫甚至賦予二者以內在的邏輯與機制，卻并沒有明確「話語權」本身的「所指」及其形成機制。也就是說，福柯雖然提出了「話語即權力」這樣的時代命題并將「話語權」學說帶入學界，使之成為經久不衰的經典「話語」之一，但很明顯，福柯及其追隨者的「話語權」概念無法為現實層面的「話語權」闡述提供明確可靠的論證框架。

國內眾多研究話語權的學者，無一不從福柯的「話語權」闡釋中得到理論啟發，并提出了頗有見地的「話語權」定義。具有代表性的闡述有：話語權就是一種掌握、控製、支配和闡

---

① 汝緒化. 話語權觀的流派探微 [J]. 湖北行政學院學報，2010 (1).

釋話語的權利與權力，就是對話語背後的是非判斷、價值取向和意識形態進行引導和塑造的一種資格、能力、身分和地位①；話語權具有話語權利和話語權力的雙重內涵，話語的權利表達的是對話語運用的「資格」和「好處」，話語的權力則表達的是對話語支配的「能力」和「程度」②；話語權是思想領導權的實現路徑，包括提問權、論斷權、解釋權和批判權等③；話語權是已經表達出來并加以實行的觀念④。

　　本書所界定的「話語權」，在邏輯上既與福柯所說的話語權存在關聯，但又區別於後者。要全面理解「話語權」的內涵，得從這個概念本身的語義說起。「話語權」由「話語」和「權」組成，重心在「權」。「權」包括「權利」和「權力」。按照通常意義理解，「權利」是法律所賦予并界定的權力和利益的範圍及程度，是行為者做出行動的身分界定和資格；「權力」是行為者控制、支配他人及事態發展進程的力量或影響，一般分為社會權力和國家權力。福柯認為，權力是各種力量關係的集合，是一種普遍存在的力量關係；權力不是消極的否定性力量，而是一種生產性的、建構性的因素。事實上也是如此。權力不可能是單一的消極性力量，它必須是多種力量的主動合成與積極建構。順著這個思路進行理解，「話語權」實質上就是由「話語」或知識通過確定社會意義和真理的普遍性權威而建構的控制、支配或影響他人及事態發展的力量及其組合。「話語權」可以從社會權力和國家權力這兩個層面進行理解。就社會層面而

---

　　① 楊昕. 中國共產黨意識形態話語權研究 [M]. 北京：社會科學文獻出版社，2015：44.

　　② 檀有志. 國際話語權競爭：中國公共外交的頂層設計 [J]. 教學與研究，2013（4）.

　　③ 侯惠勤. 意識形態話語權初探 [J]. 馬克思主義研究，2014（12）.

　　④ 俞新天. 集體認同：增強國際話語權的關鍵 [J]. 國際展望，2016（3）.

言,話語權是個人或社會團體所掌握的話語、知識及其支配力、影響力;就國家層面而言,話語權是作為一個整體的國家因為界定、塑造、建構了社會的話語、知識體系和真理標準而掌握的權威性力量和對這個社會群體的控製力、影響力。

## 第三節　國際話語權:概念、形成機理及其類別

對於「國際話語權」,可以根據「話語權」概念進行延伸性解讀。國際話語權不是簡單地將「話語權」置於國際背景下就能解釋清楚的,它本身是一個整體性概念。但究其理論源頭,仍與「話語權」概念是相通的。

### 一、「國際話語權」概念解析

「國際話語權」并非新生事物。隨著中國融入全球化程度的加深及中國對世界的貢獻度和影響力越來越大,中國在國際上的話語權問題自然引起了學界及政治、外交界的關注。目前,已有不少學者對「國際話語權」進行了較深入的研究。關於這個概念的界定,比較有代表性的有:

(1) 權利論:國際話語權指以國家利益為核心,就社會事務和國家事務等發表意見的權利,而這些事務是與國際環境密切相連的,并體現了知情、表達和參與權利的綜合運用;就其內涵而言,這一話語權就是對國際事務、國際事件的定義權,對各種國際標準和遊戲規則的制定權以及對是非曲直的評議權、裁判權。[1]

---

[1] 梁凱音. 論國際話語權與中國拓展國際話語權的新思路 [J]. 當代世界與社會主義, 2009 (3).

（2）權利和權力綜合論：在國際政治、經濟、軍事、外交等關涉主權國家核心利益的主要領域所發生的有關國際製度、國際規則、國際議程、國際標準的設置、修改、制定，對歷史和現實中的國際事務、國際事件、特定國際現象的評論、表述、定義、裁判以及關於國際政治、國際關係的新概念、新範疇和新表述等方面的權利和權力。①

（3）權力論：國際關係中掌握了政治、經濟、文化、生態和軍事等領域資源、知識、規則的國際行為體，通過各種話語文本表達形式而對外產生的，足以改變其他行為體認識和行動的能力。②

以上定義比較全面地反應了「國際話語權」的話語主體、話語範圍、權力（或權利）性質及其運用效果等，為話語權研究提供了立體化的話語圖景和解讀方式。但如果深入分析，上述關於國際話語權的解釋仍然是不周全的。其一是「權利論」。「權利」是一種身分和資格的界定，話語權不可能僅是一種權利。凡是具備國際身分資格的行為體（如聯合國成員國或被聯合國承認的主權國家）都具備就社會事務和國家事務等發表意見的權利，卻不一定具備影響他國的權力。其二是「權利和權力綜合論」。這種界定沒有明顯區分「權利」和「權力」，雖然我們說「權利」是「權力」的基礎或前提，即是說，只有先具備相應的身分和資格，才有可能擁有控製、影響他人的權力，但如果將兩者混為一談，則難以理解話語權的產生機制及其邏輯。其三是「權力論」。福柯所說的「話語即權力」明顯指涉權力。話語權所產生的效力決定了其只能是一種權力。但上述

---

① 胡宗山. 中國國際話語權刍議：現實挑戰與能力提升 [J]. 社會主義研究，2014 (5).

② 吳賢軍. 中國國際話語權構建：理論、現狀和路徑 [M]. 上海：復旦大學出版社，2017：22.

界定有兩個問題：一是將「話語」理解為「話語文本」，其外延明顯過窄，不能全面概括「話語」指涉的內涵及其意義建構；二是將權力理解為「足以改變其他行為體認識和行動的能力」，對「權力」的界定偏向於強制性、支配性權力，「權力」「硬」了一些。雖然國家內部的話語權明顯具有這個特徵，但在國際社會，話語權更多的是一種「影響」（而不是「改變」）他國認識和行動的能力，即是說，國際話語權是一種「輕權力」。

如果要更加深入地理解、分析國際話語權的概念，還需要考慮以下幾個方面：

一是對「國際話語權」的整體性理解。「國際話語權」絕不是「國際」和「話語權」的簡單堆砌，也不是所謂話語權的「國際化」。我們需要將「國際話語權」作為一個整體性概念進行理解。即是說，從詞義上進行解釋，既不能將「國際話語權」拆分為「國際」的「話語權」，也不能將其理解為「國際話語」的「權力」。「國際話語權」是須臾不可分割的整體。

二是話語權的主體問題。話語權的主體問題即「話語權被誰掌握和使用」的問題。之前我們所說的「話語權」概念，包括福柯所說的「話語即權力」命題，其邏輯起點和主線主要是基於國家內部，話語的主體是個人、群體或社會。一旦將「話語權」概念延伸到「國際話語權」，話語權的主體理所當然就是國家，因為國家是國際社會中最基本的行為體，也是話語方式的基本單元。儘管「國家」本身非常抽象，難以具象化，但從話語理解的便捷性及實踐的可操作性來看，「國家」早已被當成人格化的行為體了。

三是「話語」本身的含義。在福柯那裡，話語是一種知識學科體系，其之所以能成為權力，主要是知識對世界與人的規約和對真理的生產與建構。無論是「話語權」還是「國際話語權」，其「話語」的本質理應是一樣的，都是一種由語言建構的

價值及意義,其本身超出狹義的「言語」概念,而成為理解我們與世界關係的載體。不過,「國際話語權」中「話語」的含義明顯不同於指向於國家內部的「話語」。儘管人類已經進入全球化時代,但政治製度、發展模式、文化及價值觀等的「多樣化」「多元化」仍然是國際社會的基本特徵,這決定了國家內部「話語」的多樣性和差異性。但「國際話語權」的含義則必須呈現出一致性和共通性,因為如果不同國家間的「話語」處於相互隔閡、互不理解的巨大差異狀態,話語應有的規約和建構功能就無法得到有效發揮,對別國的影響力即「權力」就無法產生。所以,國際社會的「話語」必須具有共通性,這種共通性不是語言的同種和互通,而是語言背後所表述出的價值及社會意義能被各國所理解和接受。

四是「權力」之所限。指向於國內的「話語權」,是由「話語」或知識通過確定社會意義和真理的普遍性權威而建構的控製、支配或影響他人及事態發展的力量及其組合。再具體些說,國家內部的話語權更多地偏向於「控製」和「支配」他人及事物的權力,這主要表現為政治權力。即使是在社會中,社會行為體也由於人際、團體之間的縱向組織性及人的控製本能而傾向於利用所掌握的知識、話語優勢支配他人,這主要是社會權力。這也是為什麼每個國家內部都必須有自上而下的政治組織和結構、共同的政府和權威,以及維繫政府權力和權威的法律、製度、意識形態、道德、規則等的原因。這些法律、製度、意識形態、道德、規則等所發揮的作用就是福柯所說的「話語」的作用,權力也由此而生。但在國際社會,由於缺少了縱向的權力結構(國際社會的行為體之間是平行的橫向結構),即使是最強大的國家(假設它有行使控製力的資源和願望),實際上也不可能做到像國內政府那樣擁有巨大的權力和權威。國際話語權中的「權力」不應也不可能是支配性的控製力和強制

力，它更多的是一種影響力，或者說，它是一種「輕權力」。

綜上所述，我們將「國際話語權」界定為：國際社會中的國家行為體利用多種話語及形式，通過建構價值規範、社會意義乃至真理的普遍性權威並得到他國理解和認同，而形成的影響他國及事態發展的力量及其組合。這裡有三層含義：一是「話語」不僅僅是話語文本或言語表述，而是從寬泛的意義上所理解的「知識體系」，國家所有的表達、評論、理念、解釋、議程設置等都在此列；二是「話語」產生權力的渠道是通過建構意義和規範價值等來實現的，類似於福柯所說的「話語即權力」的詮釋，所不同的是，國際話語權的行為體所建構的話語意義和價值體系必須要先得到他國的理解和認同，其規範和權威更多地表現出吸引力、整合力；三是「國際話語權」中的權力是共通力、影響力，而非支配力、控製力。

## 二、國際話語權的形成機理及其類別

話語權的產生機理大致可描述如下：經濟（物質）層面的話語權是所有話語權的基礎，因為整個世界（包括物化世界和人化世界）都是物質性構成，對物質的索取和追求成為人類最原始、最本能的權力來源。雖然人類對物質的控製和支配明顯不全是話語權本身，但如果沒有物質性支撐，話語權就無從談起；誰能夠掌握對物質的控製權和分配權，誰就能擁有影響其至支配別人的能力，從這個角度上講，我們認為經濟話語權是成立的。但這是最低層次的話語權（姑且稱之為第一層次的話語權）。人類在實踐過程中為維持基本秩序而發明了種種安排，這些安排經過「合法化」的系列程序之後，會成為約束人們行為的一種規範和規約，這便是「製度」。物質性基礎是話語權的必要條件，卻不是全部條件。沒有製度性規約，物質的有序分配就無法進行，人類社會就容易陷入一種無序的狀態。以物質

分配為原始動力的製度產生并滲透到人類生活的各個方面。等到一種製度成熟并成為一種規範性力量時,「價值」或「意義」便被建構起來,成為人們約定俗成的一種規約甚至是真理,不僅被普遍遵守,而且還成為一種權威。在這種情況下,製度制定者或製度解釋者便有了控製他人、影響他人的力量,這種力量通過製度話語(解釋製度的話語往往成為一種權威性的知識體系)而傳遞權力。這便是製度話語權。製度話語權一旦產生,可以基於物質性力量而增強自身權力,也可以脫離物質性力量而在自身的「權力軌道」上運行(這是製度的社會意義建構所起的作用)。這是第二層次的話語權。第三層次(也是最高層次)的話語權是價值(觀念)層次的話語權。拿破侖曾經說過,世上有兩種力量:利劍和思想;從長期而論,利劍總是敗在思想手下。思想和觀念層面的話語權才是話語權的最有力構成。製度性話語權之所以能在脫離物質支撐的情況下產生規範性力量,主要原因還是製度建構了被人們認同的價值體系和社會意義,這時的製度本身也成為「話語」的重要組成部分。倘若製度無法被建構成價值性存在,得不到人們的認同,製度會立即消亡,或被其他製度取代。至此,話語權就無從談起。所以,只有能夠建構社會價值和意義的製度才能成為最高層次的話語權。如果寬泛些理解,我們可以把這種話語權統稱為「文化話語權」。

有學者根據領域不同將國際話語權分為國際政治話語權、國際經濟話語權、國際文化話語權、國際生態話語權、國際軍事話語權[1]。而實際上,不同領域的「話語權」是相互融通、彼此相長的,比如經濟領域的話語權會帶來政治話語權等的提

---

[1] 吳賢軍. 中國國際話語權構建:理論、現狀和路徑 [M]. 上海:復旦大學出版社,2017:119.

升,文化話語權能增進其他領域話語權。不同領域話語權是有機聯繫在一起的整體,很難進行涇渭分明的切割。本書認為,可以根據話語權形成的機理及過程,大致將國際話語權分成三類:國際經濟話語權、國際製度話語權、國際文化(觀念)話語權。「經濟話語權」并非單指經濟領域的話語權,而是指物質層面的話語權,這裡的「經濟」是一個泛指;「製度話語權」是指秩序的安排及其運行過程中一國的建制權及影響力;「文化話語權」中的「文化」也是個泛化的概念,這裡指思想、觀念層次的話語權。

(一)國際經濟話語權

物質(器物)是人類生存的基礎,人的存在及其賴以生存的環境、需求等,都是物質性的。對於國家而言亦是如此。「國家」既是一個抽象的概念,同時也是一個具體的概念:「國家」之所指不是虛幻物,而是實體,它必須具備基本的物質性存在(土地、人口、資源、經濟基礎等)才能成為「國家」。漢斯·摩根索(Hans J. Morgenthau)認為,國家權力的因素主要有地理條件、自然資源、工業能力、戰備情況、人口、民族性格、民族士氣、外交、政府等因素[1],前幾個因素都是物質因素,是國家硬實力的基本構成。從古至今,國家之間的物質性紛爭一直是個持久不變的話題,攻城略地、搶奪資源的戰爭一直伴隨著整個人類文明史。從本質上講,物質性存在仍然是國家立身於世界的基本需求和追求。按照現實主義觀點,雖然國際合作越來越普遍,但國家對利益(特別是經濟利益)和權力的追求仍然是國際關係中的常態,全球化及國際製度的興起并沒有改變國際關係競爭的本質。現實主義的觀點在一定程度上反應了

---

[1] 漢斯·摩根索. 國家間政治:權力鬥爭與和平[M]. 許昕,等,譯. 北京:北京大學出版社,2006:151.

國際關係中的現實，至少在國家間關係上是如此。任何國家都將自身利益放在首位，國家通過合作部分地實現了「非零和博弈」，但沒有一個國家會放棄自身利益來換取合作。對任何國家而言，合作都不是目的，通過合作獲得更多利益才是目的。分析國際經濟話語權，必須將其置於國際關係競爭性本質這樣一個背景之下。

儘管構成國家物質性力量的因素是多樣的，但決定一國整體物質性力量的還是國家經濟。地理條件、自然資源、人口等都是國家的自然稟賦，基本上不會有太多變化；而國家的經濟實力才會反應該國的整體物質性力量。比如一些產油大國，儘管能夠通過出口石油獲取大量的財富，但其在國際上的經濟話語權不一定有多大；有一些國家如日本，雖然自然資源匱乏，卻能夠通過工業生產、技術創新、國際貿易等，一方面創造出巨大的財富，另一方面也產生了較大的經濟影響力和話語權。所以，本書對「國際經濟話語權」的分析主要基於經濟層面。

正如前文所述，話語權需要通過建構價值規範、社會意義等才能獲得。國家要想在國際上取得經濟話語權，就必須能夠建構一種得到別國認同的價值規範和社會意義。物質、器物本沒有規範性價值和意義，但它們一旦進入人類社會，成為人類生活的日常需求，其價值和意義就凸顯出來。在國際社會中，由於國家都將經濟發展作為國家發展的首要目標，對經濟利益的追求自然會使得經濟性（物質性）被賦予一種規範的意義。從這個意義上講，獲得更多經濟話語權，就是在自身經濟發展及與別國經濟交往過程中產生的一種對他國的影響力、吸引力或經濟議題的塑造力。在經濟領域，規範和意義更多的是通過製度和機制作為載體實現的。這裡僅談影響國際經濟話語權的三個變量：經濟總量、貿易結構、科技創新力。

（1）經濟總量。在經濟話語權的較量過程中，「量」不是

關鍵因素,卻是基礎因素。猶如兩塊相互吸引的磁鐵,在沒有外力的作用下,小磁鐵總會被大磁鐵吸引過去。如果國家的經濟體量太小,是不太可能產生足夠話語權的。在國際經濟舞臺上,能夠發聲并決定國際經濟基本秩序的國家總是經濟大國,小國只能亦步亦趨,搭乘大國的順風車。雖然小國(「小磁鐵」)有時在某些領域也能夠產生一定的話語力量,但在沒有持續性強大經濟支撐的情況下,終究會被大國(「大磁鐵」)吸引過去。歷史上這樣的例子并不鮮見。荷蘭曾是名噪一時的海上霸主,歷史上的荷蘭促進了海洋的自由航行,發展了自由貿易,率先開闢了阿姆斯特丹銀行、股票交易和穀物交易所,建立聯合東印度公司①。這些經濟創新舉措及巨額的海上貿易使荷蘭的經濟話語權一時無兩,但由於缺乏足夠的經濟總量支撐,荷蘭最終被英國取代,其經濟話語權也喪失殆盡。但同時,經濟總量大的國家也不一定有足夠的話語權。蘇聯在解體之前一直都是經濟大國,并在與美國爭霸的過程中發揮了不可或缺的作用。但由於其高度集中且封閉、僵化的發展模式,蘇聯在國際經濟領域的話語權是非常有限的,與其軍事大國、政治大國的身分明顯不匹配。所以,經濟總量大并不絕對意味著經濟話語權大。但如果沒有足夠的經濟體量作為基礎,也就不可能有足夠的話語權。

(2)貿易額及貿易結構。「話語權」首先是一種關係。國家只有在與別國的交往中才有可能產生「權力」。建構「話語」在某種程度上就是在建構「關係」。國家如果要產生話語權,必須要與別國充分交往;封閉的國家是不可能有話語權的。經濟領域也是如此。所以,一國與別國進行貿易是其產生經濟話語權的必要前提。中國在古代相當長一段歷史時期內保持了「最

---

① 王逸舟. 當代國際政治析論[M]. 上海:上海人民出版社,1995:347.

強大國家」的地位。保羅·肯尼迪認為：「在近代以前時期的所有文明中，沒有一個國家的文明比中國文明更發達，更先進。」①中國最發達時期當屬漢唐盛世，宋、明相對較弱；但即使是宋、明時期，中國也應是當時全球範圍最強大的國家。以 GDP 為參照，直至 1820 年，中國占全球 GDP 的比重仍高達 30%以上，居全球之首。②但古代中國卻并沒有產生與其經濟大國相稱的經濟話語權，「重農抑商」的經濟傳統最終被西方的工業文明瓦解。新中國成立後，曾經有一段時期奉行蘇聯的發展模式，與西方的工業文明處於隔絕狀態，不僅沒有獲得較好的經濟發展，也沒有取得相應的經濟話語地位。改革開放之後，中國選擇融入全球化進程，與西方工業強國建立了緊密的貿易往來，在獲得快速經濟增長的同時，經濟話語權也與日俱增。所以，經濟交往與話語權提升緊密相連。在與他國的經濟交往中，貿易結構也是一個非常重要的考量。前幾年曾有這樣一種說法：中國需要生產八億件襯衫才能換回一架飛機。僅靠資源和勞動要素投入的粗放型經濟發展模式只會讓本國在與別國貿易中永遠處於劣勢，不可能產生較大的話語權。只有掌握科技創新能力，用高附加值產品進行貿易，話語權才能得到有效體現。

（3）科技創新力。經濟話語權不是靠經濟的「量」而是靠「質」來規定的。「量」是基礎，「質」才是關鍵。經濟的「質」需要科技創新進行驅動，創新是保持經濟活力的第一動力。在國際貿易過程中，沒有科技含量的產品始終會處於不對等的地位甚至被淘汰；而能引領科技創新的產品終究是時代的標誌，能讓其佔有者在經濟交往中擁有足夠的話語權。早在 19 世紀，

---

① 保羅·肯尼迪. 大國的興衰 [M]. 陳景彪，等，譯. 北京：國際文化出版公司，2006：4.

② 石國亮，等. 解讀中國夢 [M]. 北京：人民日報出版社，2013：6-7.

馬克思就科學地預見到科學的重要作用。恩格斯說：「在馬克思看來，科學是一種在歷史上起推動作用的、革命的力量。」中國國家領導人高度重視科技創新。鄧小平曾提出「科學技術是第一生產力」的時代命題。習近平指出：「科技創新是提高社會生產力和綜合國力的戰略支撐，必須把科技創新擺在國家發展全局的核心位置。」[①] 在科技發展突飛猛進的今天，科技創新是提升國家綜合國力的戰略支撐，也是提升一國國際經濟話語權的重要渠道。

（二）國際製度話語權

1. 製度話語權的概念和特徵

製度話語權，顧名思義，就是製度性權力與話語性權力的結合。「製度性權力是指通過規則、程序和製度來間接影響和塑造他人的權力。製度性權力研究重點在於探討全球治理中權力運作的方式和影響，包括權力運作的規範類型和話語結構在追求行為體利益中的作用。話語權力則通過話語支配權產生影響力，可以服務於一國的國際組織外交實踐，充分發揮製度性權力的作用。」[②] 製度與話語的結合既指出了製度構建背後存在的話語邏輯，同時也強調話語必須依靠製度給予支撐。前者意味著特定的製度反應了不同參與主體之間話語權力的分配，後者則揭示出話語的有效和持久離不開製度在其中起到的作用。製度性話語權的研究成為國際製度和話語權研究領域的重要理論趨勢，既克服了國際製度研究對話語權問題關注的不足，同時也使得話語權研究在國際製度層面得以拓展。

怎麼給製度性話語權做一個明確的界定？徐明棋認為，所

---

① 習近平.把科技創新擺在國家發展全局的核心位置［N］.人民日報，2014-01-07.

② 王明國.全球治理轉型與中國的製度性話語權提升［J］.當代世界，2017（2）.

謂製度性話語權，有兩層含義：一是不僅有發表看法的權利和發表的看法得到關注、重視的權利，而且這種權利還在製度體制上得到了保障；二是在全球經濟治理涉及製度改革和重構的問題上，具有話語權和影響力。[1] 高奇琦認為製度性話語權主要是指用製度形式固化的話語權，它通過製度化形式對國際經濟事務產生長期影響，并且國際社會對這種話語權的接受度比較高。[2] 在蘇長河看來，製度性話語權是指一個國家在國際組織運行、國際規則制定、國際道義維護、國際秩序運轉方面的引導力和影響力。[3] 陳偉光和王燕側重從全球經濟治理的角度分析製度性話語權，他們認為製度性話語權反應為國際社會行為體在參與全球經濟治理中通過話語博弈對國際經濟社會結構賴以存在的體系、規則、機制的支配性影響。[4] 根據以上定義，我們大概可以從行為體、權力運行和政治目的三個維度對製度性話語權進行概念分解。從行為體角度看，參與國際事務和全球治理的主要行為體是主權國家，但也包括國際組織、跨國企業、非政府組織、公民社會團體等非國家行為體。一般來說，主權國家特別是大國是影響國際力量對比和國際秩序運轉的關鍵性力量，因而擁有更大的製度性話語權。不過，在一些特定的問題領域，非國家行為體由於其專業知識和組織動員能力而往往擁有比主權國家更大的製度性話語權。權力運行是獲得製度性話語權的關鍵環節，行為體提高製度話語權體現為相互聯繫的兩個方面：一方面，行為體通過對國際製度、組織和規則等的影

---

[1] 徐明棋. 全球經濟治理：提高中國製度性話語權 [N]. 文匯報，2015-11-23.

[2] 高奇琦. 提高中國製度性話語權 [N]. 人民日報，2016-02-03.

[3] 蘇長河. 探索提高中國製度性話語權的有效途徑 [J]. 黨建，2016 (4).

[4] 陳偉光，王燕. 全球經濟治理製度性話語權：一個基本的理論分析框架 [J]. 社會科學，2016 (10).

響使自身的話語權力獲得普遍的國際認可；另一方面，這種普遍認可的話語權能夠以機制化的方式固定下來，具有相對穩定性和可持續性。從政治目的看，行為體謀求製度性話語權旨在提升自己在國際秩序和全球治理體系中的地位和作用，以更好地維護本國的國家利益。在本書看來，製度話語權主要局限在國家行為體之間，是國家通過建構製度性權威、獲取別國認同而產生的一種對其他國家的規範、約束和影響的能力。

在進行了概念界定之後，我們有必要考察一下製度話語權的特徵。製度話語權具有三個重要的特徵。第一，它是一種新型的結構性權力，超越了歷史上單純依靠武力徵服和強權政治來獲得影響的單一邏輯，更加強調通過製度約束和話語權力來影響、形塑他人，適應了二戰結束以後國際組織和國際機制不斷增多的國際新現實，也代表了未來國際權力形態演變的大趨勢。第二，它是一種相對低成本的國際權力。一旦獲得製度性話語權，行為體就可以依靠看似公平和普遍的規則和話語來為自己的特殊利益服務，而無需投入大規模的財富資源或者進行高風險的戰略選擇（比如戰爭）。第三，它是一種具有持久性的國際權力。製度話語權一經確立，就具有相對的穩定性，不會輕易改變。即使國際力量對比發生了對自己不利的變化，行為體只要掌握著製度性話語權，它仍然可獲得與自身實力不相稱的地位和影響。正因為如此，當前國際競爭很大程度上是圍繞著製度話語權的分配展開的。換言之，能否具備製度性話語權是衡量行為體的國際權威和領導能力的重要指標。

2. 國際製度話語權的影響因素

對行為體而言，製度話語權并不會自動獲得，它取決於不同行為體之間的國際博弈，是多種因素不斷互動和相互作用的結果。

首先，行為體的實力地位。行為體製度性話語權的建立基

於自身強大的實力地位，國際權力的對比態勢和分布態勢決定了製度性話語權在行為體之間的基本格局。換言之，一般而言，國際體系中的強者往往決定著國際製度的基本性質和運行邏輯，并憑藉這些製度安排確立自己對國際事務的話語權。在無政府的國際社會中，如果沒有起碼的實力資源，行為體的生存都將難以得到保障，更遑論掌握製度性話語權。二戰結束之後，美國之所以能夠建構起布雷頓森林體系，從而獲得製度性話語權，其根本原因還是華盛頓借助戰爭使得國家實力空前增強，進而帶領世界贏得了反法西斯戰爭的勝利。同樣，正是建立在改革開放 30 多年以來國力持續增長的基礎之上，中國逐漸從國際製度的學習者、遵守者轉變為建設性的變革者和引領者。

其次，行為體的戰略選擇。行為體擁有了強大的實力地位，并不必然就會獲得製度話語權。只有制定出正確的戰略和政策，行為體的自身實力才可能轉化為對國際社會成員的實際影響。假設一國擁有強大實力，但在國際上奉行孤立主義，不參與具有重要影響的國際組織或機制，那麼它的製度話語權就無從談起。即使一國選擇融入重要的國際組織或機制中去，但如果它并不願意主動地提出議題、設置議程，并動員其他成員支持自己的政策主張，那麼其製度話語權也將大打折扣。進一步講，即使一國對現存國際製度持開放態度并且願意積極參與其中，但如果政治意志不夠堅定、具體策略選擇錯誤，或者價值立場難以獲得認同，它在國際製度中的話語權同樣難以得到有效提升。由此可見，行為體正確的戰略選擇對提升其製度話語權同樣不可或缺。

最後，行為體國際製度的供給能力。衡量一國在國際體系中的製度性話語權，關鍵在於國際社會中的其他成員是否接受和認同其提供的製度模式，這就涉及不同行為體之間的互動。當一國提供的國際製度受到認可的範圍越廣、程度越深，其獲

得的製度話語權也就越大。相反，如果一國提供的製度性公共產品不能得到國際社會成員的認可，其製度話語權就將受到相當程度的限制。國際社會成員是否接受特定的國際製度模式，取決於三個不可或缺的重要指標：其一，國際製度的代表性，即國際製度是否足夠包容，能夠充分地反應和代表國際社會成員的利益訴求；其二，國際製度的程序性，即國際製度的章程、架構是否完善，議事的規則和程序是否透明，議題的設置和安排是否合理，等等；其三，國際製度的有效性，即國際製度是否能夠有效地凝聚國際社會成員的共識，是否能夠有效地解決當前世界該領域面臨的現實問題。

3. 如何提高國家的國際製度話語權

隨著國際製度規則的不斷增加和拓展，行為體特別是大國之間的競爭越來越圍繞製度性話語權展開，提高製度話語權已經成為行為體戰略制定的重要內容。那麼，到底應該如何提高行為體的製度話語權呢？本書認為，可以從製度供給、議題設置、政治動員、話語解釋與傳播等角度提高行為體在國際體系中的製度話語權。

第一，國際製度供給。國際製度帶有明顯的非中性特徵，看似不帶任何偏好，實則意味著利益的親疏多寡。儘管所有人都可能從一項製度中獲益，但這一製度首先并且主要反應的是規則制定者的利益。[1] 從這個意義上講，國際製度的供給為行為體獲得話語權提供了重要渠道。理論上講，行為體通過國際製度獲得話語權主要有兩條路徑：其一，改革現有國際製度。任

---

[1] 有關規則非中性的討論參見：張宇燕. 利益集團與製度非中性 [J]. 改革，1994（2）；高程. 新帝國體系中的製度霸權與治理路徑——兼析國際規則「非中性」視角下的美國對華戰略 [J]. 教學與研究，2012（5）；高程. 國際競爭視角下的產權製度與大國興衰——一個新古典政治經濟學的分析框架 [J]. 世界經濟研究，2012（11）.

何國際製度的建立都是特定時期國際力量博弈的產物，必須隨著國際形勢變化而做出相應的調整。比如，當前的國際製度是第二次世界大戰的產物，主要反應的是戰勝國特別是美國的利益訴求。隨著新興國家的集體崛起，當前的國際製度和治理規則安排越來越難以適應國際力量對比的新現實，國際製度和規則的變革顯得十分必要。因此，新興國家獲得製度話語權的一個重要方式就是積極參與對現有國際製度的改革和重塑，以便自己的利益偏好能得到更好的體現。其二，創設新的國際製度。隨著實力地位的提升，行為體在特定國際製度內受到的約束和限制將顯著增加，能否創設新的反應自身理念和利益的國際製度將直接影響其國際話語權的實現。正如有的學者指出的那樣，衡量製度話語權的重要標誌是「在製度建立過程中獲得本國相對於其他國家的非對稱優勢，并能擁有把本國國家利益轉化為國際組織利益的影響力和行動力」①。

　　第二，國際議程設置。所謂「國際議程設置」是指相關行為體將其關注或重視的議題列入國際（全球）議程，獲得優先關注的過程。② 在一定的國際製度框架內，由於時間、資源等方面的限制，行為體只能集中討論幾個關鍵的國際議題。不同的議程設置決定了國際社會對全球問題解決的優先次序和資源投入。「9·11」事件後，美國將反恐作為其全球戰略的核心，將努力打擊恐怖主義列為國際會議的優先議程，從而使其在反恐問題上擁有較大的話語權。近年來，中國在國際場合大力倡導全球基礎設施的互聯互通，并通過聯合宣言等形式將會議成果固定化，大大提升了自身在基礎設施領域的話語權。理論上講，

---

　　① 王明國. 全球治理轉型與中國的製度性話語權提升 [J]. 當代世界, 2017（2）.

　　② 韋宗友. 國際議程設置：一種初步分析框架 [J]. 世界經濟與政治, 2011（10）.

行為體可以通過以下幾條路徑來提升其議程設置能力：其一，開展主場外交，利用東道國的優勢將自己關注的議題放入國際會議的議事日程之中；其二，提供物質激勵，通過活動經費等資源來影響國際議程的安排；其三，提出可行方案，為國際社會共同關心的議題找到切實可行的出路。總之，在國際製度框架內提出并討論自己關心的問題對於提升行為體的製度話語權至關重要。

第三，國際政治動員。特定的國際議題和治理方案要最終落實，離不開國際社會成員的認可或支持，這就需要行為體必須具備較強的國際動員能力。全球治理是涉及不同問題領域、多重行為主體之間的利益博弈過程，全球治理的難點在於每個行為體都有自己的特殊偏好，對全球問題緊迫性的認知不一，且存在治理過程中的責任和資源分擔問題。因此，如何在多樣化的行為體之間凝聚共識、達成均衡是全球治理能否順利推進的關鍵。[1] 也就是說，能夠獲得足夠多的政治支持，是行為體推進全球治理進程進而掌握國際話語權的關鍵環節。一般而言，權力威懾、利益誘導和價值感召是行為體進行國際動員的重要手段。具體講，行為體可以利用自身的權力和威望迫使其他成員在國際議題上選擇服從或追隨，也可以通過提供利益好處建立起廣泛的議題聯盟，同時也可以通過價值層面的引導來獲得國際成員的支持。

第四，理念傳播與話語解釋。任何製度都植根於特定的理念之上。國際製度的生命力既體現為製度的功能和績效，同時更要受到理念和規範的深刻影響。如果一個國家能把自己的理念主張融入國際機制并外化為製度，就能塑造與同化他人，引

---

[1] 劉世強.十八大以來中國參與全球治理的戰略佈局與能力建設探析[J].當代世界與社會主義，2017（2）.

領國際機制朝著有利於自己的方向發展，增強自己在機制內的影響力與話語權。① 行為體的理念規範借助國際製度平臺傳播得越廣，其製度話語權就越大。與理念傳播密切相關的是話語解釋。行為體運用話語的解釋權既可以對競爭對手進行歪曲、抹黑，也可以對自身的言行進行合法化包裝，從而使國際社會成員能夠從內心深處接受其理念和規範。事實上，「我們熟識的『民主'『自由'乃至『現代國家'都是西方國家通過其製度生成并向世界擴散的概念……它能夠讓某種理念通過一種近乎『洗腦'的方式植入受眾的日常溝通話語體系之中，而這些概念都是由西方國家某種製度化的知識生產與傳播方式支撐的」②。從這個意義上講，理念傳播與話語解釋的結合構成了話語霸權的核心內容，直接影響著行為體在國際體系中的製度話語權。

（三）國際文化話語權

1. 文化及文化話語權的概念界定

「文化」是社會科學以及人們日常生活中最多接觸、最多使用的概念之一。就學術層面看，目前尚無關於「文化」的統一的定義，不同學者對這一概念各自進行著說明。我們從林林總總的文化定義中，抽取出具有明確概念邊界、有助於我們進一步推導文化功能的概念，對「文化」本身進行相關的詮釋。英國人類學家愛德華·泰勒（Edward B. Tylor）將「文化」定義為：「文化，或文明，就其廣泛的民族學意義來說，是包括全部的知識、信仰、藝術、道德、法律、風俗以及作為社會成員的人所掌握和接受的任何其他的才能和習慣的複合體。」③ 這一概

---

① 楊慶龍. 增強中國製度性話語權：國際機制的路徑 [J]. 學術探索，2016（8）.

② 高奇琦. 製度性話語權與指數評估學 [J]. 探索，2016（1）.

③ 愛德華·泰勒. 原始文化 [M]. 連樹聲，譯. 上海：上海文藝出版社，1992：1.

念的優勢在於，它將「文化」限定在精神世界層面，這就為人們討論「文化如何影響人的行為」提供了理論指向功能。國內學者司馬雲杰認為文化是「人類創造的不同形態的特質所構成的複合體」。所謂特質，主要有兩個含義：一是指人類創造物的最小獨立單位，二是指人類創造物的新的內容和獨特形式。[1] 這個定義的亮點在於它將文化嚴格限定為各群體相較於其他人群的特殊性，正是這種特殊性造就了文化世界的多樣性結構，也有效地避免了人們將人類共有價值混淆為「文化」并對其濫用。

在此基礎上，我們可以對「文化」進行初步詮釋：「文化」指人類創造、蘊含的不同形態的精神特質，它可以包括語言、宗教、風俗等內容，能夠因其特質而對不同人群形成價值偏好、優劣判斷、行為指引等功能，并在客觀上構建出多元、多樣、差序發展的世界文化體系。

根據對「文化」的詮釋，「國際文化話語權」又應當包含哪些特質呢？本書第一章將「國際話語權」界定為：國際社會中的國家行為體利用多種話語及形式，通過建構價值規範、社會意義乃至真理的普遍性權威并得到他國理解和認同，而形成的影響他國及事態發展的力量及其組合。這裡指的「多種話語及形式」即指國家行為體在主權國家體系中為得到國際社會廣泛理解、認同而採用的文化工具、途徑或選取的文化性國際平臺和話語體系。

國家的文化話語權是一個囊括多元內容、多個維度的龐大體系，同時它又能以多重形式為國家的外交提供幫助。從歷史經驗看，文化話語權的構成因時、因地而表現不同，這些構成會根據不同的國際結構而以特定的方式幫助國家得到國際社會的理解和尊重并影響他國乃至國際體系。例如在西方古典時代，

---

[1] 司馬雲杰. 文化社會學 [M]. 濟南：山東人民出版社，1987：11-12.

「美德」作為地中海文明的重要精神支柱和國家對外行為合法性的來源，普遍成為城邦國家傾心不已的文化標籤和對外交往所依賴的文化武器。再如中世紀歐洲，判斷一個政治單位是否能得到國際社會的根本尊重、是否能對歐洲國際關係產生深刻影響，一個重要依據是檢驗其是否有能力對基督教進行詮釋、是否有能力對宗教組織運行形成影響。進入現代以來，由於文明標準的複雜化、多樣化以及技術手段的日新月異，國際文化話語權的構成也有多元化發展的趨勢，國家的核心價值、國家文化產業與文化事業質量、教育科研能力、品牌、大眾傳媒能力等，均可以構成提升國家國際影響力的文化性因素。

2. 提升國際文化話語權的渠道和方式

那麼，國家有哪些渠道可以有效提升文化話語權呢？不少學者從特定角度探討了這一問題。第一，國家可以通過積極的外向性戰略，讓自身文化價值、符號、產品、工具主動走出國門，并不斷占據國際文化高地，逐漸令國際社會對該國形成廣泛的尊重，并接受該國對國際事務的有效影響。第二，國家可以通過開闢新的文化領域，以「先占者」身分建立特定的文化規範，形成他國的效仿、追隨，進一步拉動該國對國際事務的塑造能力。第三，國家的內向型文化發展戰略，即通過錘煉自身文化價值與文化產品水平，以「不動如山」的姿態提升自身文化競爭潛力，為日後參與國際文化競爭夯實基礎。

在現代國際關係視閾內，隨著國家間競爭方式的多樣化，各國都以各自不同的方式提升其文化話語權。例如在殖民時代，推廣語言、傳教，成為葡萄牙、西班牙、法國、英國等國家提升文化話語權的主要方式。通過這一方式，歐洲語言迅速地在現代國際體系中占據了優勢地位，基督教也成為世界第一大宗教。再如在全球化時代，美國憑藉自己技術與經濟上的巨大優勢，不斷開發新的文化產業領域，通過製造出一個個美國色彩

濃厚的文化符號，吸引著全世界的關注并駕馭著世界消費方式與審美偏好，進一步提升了美國的軟權力。還有日本與韓國，在二戰後作為政治二流國家，通過精心打造自己的文化產業，使特色鮮明、質量過硬的文化產品走出國門，在地區乃至世界範圍內有力地提升了自身的影響力。不能忽視的是，蘇聯的崛起也帶有鮮明的文化話語權提升含義：在世界通力反思帝國主義的歷史機遇中，蘇聯果斷豎起革命旗幟，將反帝、反殖民等革命文化有力輸出，短期內急遽提高了蘇聯的國際影響力與道義感召力。

3. 國際文化話語權的功能

從本質上說，國際文化話語權有助於提高國家在國際社會中的受尊重程度及其對國際體系的塑造能力，具體而言，它能夠直接轉化為國家在國際事務中的軟權力。它的本質是一種軟性的同化權力（Co-optive Power），具體包含其權力被他國視為合法、其文化與意識形態具有吸引力并能獲得他國追隨，以及建構一套與其社會基本一致的國際規範的能力。[1] 在當今複雜多元的國際競爭當中，軟權力成為霸權國家穩固權勢、新興國家提升國際影響力的重要手段，它的形成、增長與國家在國際社會中的文化話語權有著極高的關聯。一方面，國際文化話語權可以增強國家對他國的同化能力，其優良的文化價值、普遍使用的文化符號可以對其他民族進行悄無聲息地改變，間接推動自身文明在世界舞臺中的權重。例如拉丁文、基督教、《羅馬法》在歐洲的主導地位直接同化了北方蠻族，在結果上有效延續了羅馬文明；再如清兵入關後滿族主動接受漢字與儒學，成就了中國文化在對異族同化後的影響力擴大，這也是中國文化

---

[1] 約瑟夫·奈. 硬權力與軟權力 [M]. 門洪華, 譯. 北京：北京大學出版社, 2005：106-107.

在東亞國際體系中的權勢地位造就的。另一方面，國際文化話語權也能在具體事務中表現為一國的國際文化話語權對他國的吸引力，包括文化產業優勢、傳媒話語權、教育科研優勢地位在內的文化話語權構成，可以含情脈脈、潛移默化地吸引對方社會甚至國家對自身形成文化心理依賴。西方文化話語權在向吸引力方向的轉化過程中取得了極大成就，包括其文化產品、藝術標準、教育品牌以及大眾生活方式等文化內容既取得了國際社會對西方文明的普遍認可與尊重，也不斷吸引著大量非西方人士對西方文明的向往，推動著西方價值在國際體系中生長、擴大的合法性。

　　國際文化話語權的另一大功能是非文化性的。國家通過自身文化優勢擴大國際社會對自己的認可、尊重并獲得其他國家對本國國際影響力提升的承認，在這一過程中該國的文化工具可以在全球化過程中轉化為經濟利益甚至政治利益。從二戰後國際秩序看，文化產業發揮著國家對外貿易的功能，而文化話語權背後蘊含的價值、風俗、品牌、語言、音樂等具體內容，在文化產業海外擴張、占據他國市場過程中起到了關鍵的作用。上至離尋常百姓異常遙遠但利潤極高的超級跑車，下至幾乎人人可以消費的外國電影，文化附加值在今天的國際貿易中成為發達國家彌補其對新興國家貿易逆差的有效方式。① 政治層面上，文化話語權的功能轉化（或曰「外溢」）主要體現為主流政治價值體系及其背後的傳媒、教育權力對非主流文化國家的

---

　　① 以美國為例，根據世界貿易組織數據，2005—2015 年，美國服務業的順差為 18.188 萬億美元，同期製造業產品逆差為 8.636 萬億美元。參見：世界貿易組織官網. https://www.wto.org/english/res_e/statis_e/statis_e.htm.

政治干涉與外交遏制，也能形成優勢國家所預期的國際環境。[1]

　　從觀念塑造和價值建構的意義上講，文化話語權是最高層次的話語權。正如前文所述，經濟話語權主要在進行物質資源分配時才會產生；為了更好地分配資源并維持秩序，人們發明了種種製度性安排，製度給人們帶來一種被普遍認可和遵守的規範性、權威性意識，「製度性話語」由此產生。但影響製度作用發揮的是製度背後隱藏著的但又不可或缺的價值性力量和社會性意義，它是由人們的觀念性話語建構成的。我們泛稱的「文化話語權」便是這種觀念性話語由於建構的意義和價值而對別人產生影響的權力。國家層面的文化話語權亦是如此。

---

　　[1]　美國戰略學家茲比格紐·布熱津斯基曾指出：「當對美國方式的模仿逐漸遍及全世界時，它為美國發揮行使間接的和似乎是經雙方同意的霸權創造了一個更加適宜的環境。」茲比格紐·布熱津斯基. 大棋局 [M]. 中國國際關係研究所，譯. 上海：上海人民出版社，1998：36.

# 第二章 「一帶一路」建設與中國經濟話語權提升

　　一個國家要提升自己的國際話語權，必須從經濟基礎開始做起。自二戰結束以來，美國憑藉其超強的經濟實力及其主導的世界經濟格局，在經濟領域一直擁有獨一無二的話語權。這種情況正在發生變化。隨著美國自身經濟實力的相對下降及美國新政府的經濟孤立主義和貿易保護主義政策的實施，美國的經濟話語權正在被削弱。與此相對，中國全面融入經濟全球化的進程加速，中國的經濟實力日益增強，使得中國的國際經濟話語權日漸提升。「一帶一路」建設既是中國國際話語權提升的重要渠道，也是中國國際話語權提升的必然結果。提升中國經濟話語權是提升其他國際話語權的重要基礎。

## 第一節　國際經濟形勢及經濟話語權格局

### 一、總體世界經濟形勢

　　進入 21 世紀以來，隨著經濟全球化在廣度和深度方面不斷加強，發展中國家在全球經濟中的地位日益提高。2008 年世界金融危機爆發後，西方發達國家的經濟受到重創，發展中國家

在大宗商品價格、全球價值鏈、國際投資格局等方面發揮著越來越重要的作用。在進出口貿易中，發展中國家的國際地位有極大改善，對世界貿易的貢獻度顯著加大。根據世貿組織相關報告，至2014年，發展中國家占全球貿易額的比重已達48%。①如今，新興經濟體已經擁有了世界美元儲備的65%，而發達國家僅擁有25%；比較20年前，情況正好相反。②在國際投資格局中，發展中國家尤其是以中國、印度、巴西、俄羅斯等為代表的新興經濟體，在全球投資格局中的地位有了顯著的提高。根據聯合國貿易和發展會議發布的《世界投資報告》，2014年發展中經濟體在國外的投資達到近4,680億美元，全球直接投資流量所占比例從2007年的13%上升至1/3以上③；世界銀行預測，到2030年，發展中國家在全球投資中的比例將達到50%④。

中國作為最大的發展中國家，2016年的進出口雖然經歷了一些波折，但是仍然保持著世界上第一大貨物貿易出口國和第二大貨物進口國的地位。根據商務部的統計數據，2016年，中國出口額為2.1萬億美元，占全球份額的13.2%，進口額為1.6萬億美元。截至2017年5月底，中國外匯儲備再次超過3萬億美元。同時，中國在全球對外直接投資市場的地位也有了顯著的提高。2015年，中國對外直接投資邁上新臺階。根據中國商

---

① 世貿組織報告：發展中國家占全球貿易份額已達48% [EB/OL]. 中國日報網，2014-10-24. http：//www.chinadaily.com.cn/hqgj/jryw/2014-10-22/content_12573450.html.

② 金立群，等. 世界金融新秩序 [M]. 北京：中信出版社，2016：155-156.

③ United Nations：UNCTAD, World Investment Report 2015 [EB/OL]. http://www.worldinvestmentreport.org/wir2015/.

④ 世行預測2030年發展中國家占全球投資超一半 [EB/OL]. 新華網，2013-05-17. http://news.xinhuanet.com/world/2013-05/17/c_115804134.htm.

務部、國家統計局、國家外匯管理局在 2016 年 9 月共同發布的《中國 2015 年度對外直接投資統計公報》，中國在 2015 年對外直接投資創下 1,456.7 億美元的歷史新高，成為資本淨出口國，2015 年度流量首次位列世界第二。[①] 中國與全球化智庫共同發表的《中國企業全球化報告 2015》亦預測，中國對外直接投資在 2022 年有望超越美國，成為世界第一大對外直接投資國。

與此同時，美國在當今的全球經濟地位呈現出相對持續下降趨勢。二戰結束後，美國經濟曾經在相當一段時間內，在世界經濟中占據絕對優勢地位：美國 GDP 占據了世界 GDP 總量的 56%，擁有全球 3/4 的黃金儲備；美國推動了以美元為基礎的布雷頓森林體系，從而奠定了美國作為超級大國的經濟霸權地位。然而隨著西歐、日本戰後的經濟復甦，逐漸地與美國經濟形成了競爭。20 世紀 70 年代布雷頓森林體系瓦解，美國經濟陷入滯脹，經過 80 年代的經濟調整和 90 年代的經濟擴張，美國經濟在 2008 年再次受到世界金融危機的打擊，加上近年來新興發展中國家的經濟崛起，二戰結束初期美國的經濟絕對優勢已經不復存在。2015 年，美國的 GDP 總量為 17.95 萬億美元，占世界 GDP 總量的 23.16%。而中國的 GDP 總量在 2015 年達到 10.96 萬億美元，占世界 GDP 總量的 15.5%，與美國的差距在不斷縮小。

## 二、全球經濟治理中存在的話語權問題

二戰結束後，以美國為首的西方發達國家憑藉其在世界經濟中的主導地位，奉行經濟自由主義，制定和推行了有利於本國發展的國際金融、貿易和投資規則。布雷頓森林體系雖然在

---

① 中國國家統計局．中國 2015 年對外直接投資統計公報 [EB/OL]．2016-11-28．http://www.stats.gov.cn/tjsj/tjcbw/201611/t20161128_1434603.html.

二戰結束後客觀上促進了西歐、日本的經濟復甦，但是在 20 世紀 70 年代的石油危機衝擊下，布雷頓森林體系因為自身存在的缺陷而瓦解，而國際貨幣基金組織、世界銀行、世界貿易組織仍然得以存在，并經歷了重大的結構調整。在新的全球經濟形勢下，隨著經濟全球化的發展和生產國際化趨勢的不斷加強，傳統上以西方發達國家主導為特徵的全球經濟治理體系面臨著諸多挑戰，眾多問題不斷暴露出來。過去 20 多年來發生的金融危機，比如亞洲金融危機、2008 年全球金融危機，再次深刻暴露出西方國家主導下全球經濟治理體系的重大缺陷，國際貨幣基金組織、世界銀行、世貿組織在全球經濟發展中發揮的作用明顯不足，甚至給發展中國家和新興經濟體在應對經濟危機的過程中帶來了負面影響。而如今，歐洲債務危機、難民潮、英國脫歐、特朗普當選、民粹主義盛行等一系列高風險事件又頻頻擾動著全球經濟金融體系，造成諸多不安因素，全球經濟治理確實迫切需要嶄新的改革思維和製度設計，才能得以煥然一新，重新煥發出活力。

綜合來說，以美國為首的西方國家主導下的全球經濟治理體系存在著以下三個缺陷：

第一，全球經濟的繁榮越來越依賴新興經濟體的發展，但是現行國際經濟組織（如國際貨幣基金組織、世界銀行等）中的代表權安排和製度設計缺乏公正，阻礙了新興經濟體和發展中國家在促進全球金融、貿易和投資穩定中發揮應有的作用。進入 21 世紀以來，以中國為代表的新興經濟體已經成為世界經濟發展的主要推動力，國際貨幣基金組織、世界銀行需要進一步提升新興經濟體在兩大組織中的代表權。2010 年 10 月，20 國集團財長和央行行長會議就國際貨幣基金組織的份額改革達成協議，將向新興和發展中國家轉移約 6% 的份額。2015 年，人民幣被納入特別提款權一籃子貨幣，此舉亦有助於促進國際貨幣

體系的穩定。國際金融組織雖然經歷了結構調整，但是發達國家仍然占據著絕對的領導權。國際貨幣基金組織總裁由歐洲人擔任，世界銀行行長由美國人擔任。美國在國際貨幣基金組織及世界銀行集團等機構的運行中擁有重大事項的否決權。比較而言，中國在亞投行上的體制創新將有助於促進提高發展中國家以及新興經濟體在全球經濟治理問題上的發言權。

第二，以美國為首的西方國家在推動全球經濟治理體系的發展中，盲目強調經濟自由化，而忽略了發展中國家的實際國情和相關發展訴求，在經濟全球治理中受到諸多批評，被認為忽視了全球經濟發展的均衡性。當代國際金融體系是二戰結束後由以美國為首的西方主要大國在協調中建立起來的，其經濟理念過於強調新自由主義，反應了濃厚的西方價值理念。新自由主義思想過於相信市場，而忽視不同國家在不同發展階段的具體國情，盲目要求各國開放市場、商品和資本。在發展中國家經歷的經濟危機處理過程中，如阿根廷的2001年金融危機，國際貨幣基金組織的政策被認為是加深了貧困問題，加重了第三世界國家和發展中國家的債務負擔；在1997—1998年東南亞經濟危機中，國際貨幣基金組織的雙緊政策加重了遭受危機國家的蕭條。2008年由美國次貸危機引發的全球金融危機，再次暴露出全球金融體系的自由化以及金融監管失效等深層次的種種弊端，證明現有的全球經濟治理體系急需變革。

第三，經濟全球化變得日益複雜，除了國家間的往來越來越密切、相互依賴，同時全球範圍內的各類問題，包括經濟問題、政治安全、社會問題、國際環境、反恐怖主義等問題也變得日益相互關聯、相互影響，往往牽一發而動全身，這就迫切需要建立更加強有力的全球經濟治理體系，從而能夠綜合協調、高效處理包括國際金融、國際貿易、國際投資以及國際環境等在內的各類問題。在一些區域性國際組織，如歐盟，早期主要

是經濟領域合作的國際組織，或者如東盟，早期主要是政治領域合作的國際組織，現在都將生態環境保護、維護人權、反恐等議題共同納入經濟或者政治以外領域合作的範疇中。在全球性的國際經濟組織內部，因為成員多、議題廣、分歧大，急需建立高效、有力、科學的運行機制，以適應全球化高速發展的最新變化。

### 三、美國經濟話語霸權的衰落

在新興經濟體崛起、發展中國家話語權增強、世界多極化趨勢加快等多種因素的衝擊下，美國的經濟話語霸權漸趨衰落。這主要體現在四個方面：

第一，以中國為代表的新興經濟體崛起，美國GDP總量在世界占比不斷持續下降，導致美國在很多國際經濟事務中力不從心，影響力下降。與之相對，中國的經濟實力在不斷加強，對傳統的、西方國家主導下的全球經濟治理體系開始產生影響，并對相關國際經濟議題發揮著越來越大的影響力，中國的經濟話語權正日益提升。

第二，雖然美元仍然是世界上最主要的國際貨幣之一，但是20世紀70年代布雷頓森林體系瓦解，以美元為基礎的固定匯率被多數國家的浮動匯率替代，美元霸權地位的衰落意味著美國對國際經濟組織的控製力和影響力下降。2010年11月，國際貨幣基金組織的份額改革使美元的權重從44%降至41.9%，美元獨霸地位再次出現下降趨勢。

第三，自20世紀50年代以來，美國的製造業占國內生產總值的比重不斷下降，而房地產、金融服務、保險等行業所占比重不斷上升，一定程度上造成了經濟虛擬、產業中空、結構失衡等問題。美國曾經是世界製造業的中心。1890年，美國超越英國成為當時世界排名第一的製造業大國。在20世紀50年代，

美國製造業占據了世界製造業的40%。而到2002年，美國製造業占世界比重滑落至30%；至2012年，更下滑至17.4%。

第四，美國新任政府奉行「美國優先」政策，其帶有一定的貿易保護主義和民粹主義思潮特點的經濟政策將會對全球經濟治理帶來一些消極影響。特朗普（Donald Trump）在就任美國總統後，隨即退出了《跨太平洋夥伴關係協定》（TPP），并準備重新磋商《北美自由貿易協定》（NAFTA）；同時，他對一些重要的國際組織，如聯合國、世界貿易組織、北約等，以及一些國際議題，如巴黎全球氣候變化合作，都持批評態度。鑒於美國在這些國際組織中享有一定的製度和話語霸權，這意味著美國以前支持的很多國際組織以及相關議題，將面臨較大的動盪。美國對這些國際組織支持力度的下降，有可能會削弱這些組織在全球經濟治理上的能力；而且，特朗普總統的經濟孤立主義和貿易保護主義政策也會造成美國在全球治理中的話語權下降。

## 第二節 「一帶一路」建設的經濟行為及實踐

### 一、「一帶一路」建設的基本內容

「一帶一路」是「絲綢之路經濟帶」和「21世紀海上絲綢之路」的簡稱。2015年3月，國家發改委、外交部、商務部聯合發布《推動共建絲綢之路經濟帶和21世紀海上絲綢之路的願景與行動》（以下簡稱《願景與行動》）。《願景與行動》提出了「一帶一路」國家合作的主要內容，包括政策溝通、設施聯通、貿易暢通、資金融通、民心相通在內的「五通」，將成為未

來沿線國家間合作的重點領域。①

第一，加強政策溝通是「一帶一路」建設的重要保障。「一帶一路」沿線是多民族、多宗教聚集區域，并且大多數是發展中國家和新興經濟體，總人口約44億，經濟總量約21萬億美元，分別占全球的63%和29%。沿線60多個國家政治和經濟差異巨大，很多國家還處於政治和經濟的轉型期，宗教和文化衝突不斷，社會矛盾複雜，因此其自身存在較大的政治風險。在這種情況下，中國需要積極建立有效的政治溝通渠道，促進政治互信，及時達成共識，協商解決問題，共同為合作共贏和大型項目的實施提供有力的政策支持。

第二，在「一帶一路」發展戰略中，基礎設施互聯互通是「一帶一路」建設的優先領域。「一帶一路」沿線國家的經濟差異較大，而鐵路、公路、機場、港口、通信、水電、網路、工業、能源等基礎設施的落後在很大程度上制約了一部分國家的發展。《願景與行動》指出：「在尊重相關國家主權和安全關切的基礎上，沿線國家宜加強基礎設施建設規劃、技術標準體系的對接，共同推進國際骨幹通道建設，逐步形成連接亞洲各次區域以及亞歐非之間的基礎設施網路。」②

第三，促進國際貿易暢通、擴大經貿合作是「一帶一路」建設的重點內容。根據商務部的數據，2015年中國與「一帶一路」相關國家雙邊貿易總額已達9,955億美元，占同期中國外貿總額的25.1%，超過中國的第一大貿易夥伴歐盟。但是「一

---

① 國家發改委，外交部，商務部. 推動共建絲綢之路經濟帶和21世紀海上絲綢之路的願景與行動 [EB/OL]. 新華網，2015-03-28. http://news.xinhuanet.com/world/2015-03/28/c_1114793986.htm.

② 國家發改委，外交部，商務部. 推動共建絲綢之路經濟帶和21世紀海上絲綢之路的願景與行動 [EB/OL]. 新華網，2015-03-28. http://news.xinhuanet.com/world/2015-03/28/c_1114793986.htm.

帶一路」沿線國家經濟差異巨大，一些國家和國際組織，比如俄羅斯、東盟、印度等，已經是中國的重要貿易夥伴；其他國家與中國的貿易額加起來不到10%，而且普遍是小國，市場較小。中國出口信用保險公司發布的《「一帶一路」沿線國家風險分析報告》認為，在「一帶一路」沿線國家中，風險水平較高的國家占了將近1/3。這些困難都要求我們首先應努力解決投資貿易便利化問題，消除貿易壁壘，激發合作潛力。中國將積極倡議與「一帶一路」沿線國家設立自由貿易區，消除貿易壁壘，提高貿易自由化水平，為雙邊經貿合作再上臺階做出努力。

第四，資金融通將成為「一帶一路」建設的重要支撐。根據國務院發展研究中心的估算，2016—2020年「一帶一路」沿線國家基礎設施合意投資需求至少在10.6萬億美元以上。為了確保「一帶一路」項目巨大的融資需求，中國努力建立多元化和系統的融資體系。中國已設立亞洲基礎設施投資銀行、絲路基金等機構，并深化同世界銀行、中國—東盟銀行聯合體、上合組織銀行聯合體等傳統多邊開發機構的合作；同時，支持沿線國家政府和信用等級較高的企業以及金融機構在中國境內發行債券，并引導商業性股權投資基金和社會資金參與重點項目建設。2016年，中國對「一帶一路」沿線國家直接投資達到145億美元。①

第五，民心相通是「一帶一路」建設的社會基礎和長久保證。自從「一帶一路」倡議提出以來，中國政府注重開展與沿線國家的文化交流、學術往來、旅遊文化推廣、人才交流合作、媒體合作、青年和婦女交往、志願者服務等活動。中國每年向

---

① 2016年對「一帶一路」沿線國家直接投資已達145億美元 [EB/OL]. 人民網，2017-03-11. http://finance.people.com.cn/n1/2017/0311/c1004-29138996.html.

沿線國家提供1萬個政府獎學金名額，設立孔子學院，與沿線國家互辦文化年、藝術節、電影節、電視周和圖書展等活動，合作開展廣播影視劇精品創作及翻譯。民心相通的目的在於，加強中國與「一帶一路」沿線國家之間的溝通與交流，增進彼此的瞭解和認識，為進一步深化雙多邊合作奠定深厚的民意基礎。

## 二、基礎設施建設

基礎設施建設是「一帶一路」戰略的優先發展領域和規劃重點。大力發展沿線國家的交通基礎設施互聯互通，將有效地促進貿易便利化，對中國與「一帶一路」國家之間的貿易合作起到積極的推動作用。《願景與行動》指出，把基礎設施互聯互通作為「一帶一路」建設的優先領域，尤其需要抓住交通基礎設施的關鍵通道、關鍵節點和重點工程建設，努力提升道路通達水平和航空基礎設施水平，加快推動口岸基礎設施和港口合作項目建設，實現國際交通運輸陸、水、空聯運通道的暢通便捷。[①]

因為經濟發展水平不一，「一帶一路」沿線國家的基礎設施參差不齊，但是大多數國家的基礎設施薄弱，并且與鄰國之間基礎設施互通互聯程度較低。根據世界經濟論壇發布的《2015—2016全球競爭力報告》，「一帶一路」沿線53個國家中，新加坡、阿拉伯聯合酋長國、日本、韓國、卡特爾、馬來西亞、巴林、沙特、以色列、愛沙尼亞等國家的基礎設施較為完善，不丹、老撾、柬埔寨、波黑、塔吉克斯坦、黎巴嫩、巴

---

① 國家發改委，外交部，商務部. 推動共建絲綢之路經濟帶和21世紀海上絲綢之路的願景與行動［EB/OL］. 新華網，2015-03-28. http://news.xinhuanet.com/world/2015-03/28/c_1114793986.htm.

基斯坦、孟加拉、尼泊爾、緬甸等國家的基礎設施較為薄弱和落後，在全球中的排名分別為92、98、101、103、111、116、117、123、131、134。①「一帶一路」沿線國家基礎設施落後於中國的國家有51個，城市化率低於中國的有斯里蘭卡、尼泊爾、柬埔寨、阿富汗、塔吉克斯坦、孟加拉、馬來西亞、印度、越南、也門等27個國家。特別是也門、緬甸、敘利亞、伊拉克、阿富汗等國家經歷了戰爭的破壞，基礎設施重建的需求更大。按照中國2015年的交通、水利、市政等基礎設施投資約占全社會固定資產總投資的20%計算，「一帶一路」其他65個國家未來每年的基礎設施投資需求介於1.8萬億到4萬億美元之間。②

在中國企業對「一帶一路」沿線國家的直接投資中，交通、能源等行業成為重點投資合作項目，并且增長迅速。根據普華永道於2017年2月15日發布的研究報告，2016年在「一帶一路」沿線66個國家的核心基建項目及交易總額超過4,930億美元，涉及公用事業、交通、電信、社會、建設、能源和環境七大行業。其中，中國占投資總金額的1/3。③商務部的數據亦顯示，2016年中國對「一帶一路」沿線53個國家直接投資145.3億美元，主要流向新加坡、印度尼西亞、印度、泰國、馬來西亞等國；在對外承包工程方面，2016年中國企業在「一帶一路」沿線61個國家新簽對外承包工程項目合同8,158份，新簽

---

① WORLD ECONOMIC FORUM. The Global Competitive Report 2015－2016 [EB/OL]. https：//cn. weforum. org/reports.
② 「一帶一路」沿線國家投資環境需求分析與PPP發展機會研究 [EB/OL]. 中國投資諮詢網，2016－03－29. http：//www. ocn. com. cn/hongguan/201603/xvfkc29202951. shtml.
③ 普華永道. 中國與「一帶一路」基礎設施 [EB/OL]. http：//www. pwccn. com/zh/services/consulting/br-watch-infrastructure. html.

合同金額1,260.3億美元，占同期中國對外承包工程新簽合同金額的51.6%，同比增長36%。①

「一帶一路」戰略規劃了六大國際經濟合作走廊，即新亞歐大陸橋、中蒙俄、中國—中亞—西亞、中國—中南半島以及中巴、孟中印緬經濟走廊。中國企業在這六大國際經濟合作走廊進行了積極的基礎設施建設和合作，具體進展如下：

新亞歐大陸橋是相對於「西伯利亞大陸橋」而言的，故又名「第二亞歐大陸橋」，是從中國的江蘇連雲港市到荷蘭鹿特丹港的國際化交通幹線，包括鐵路和公路交通、空中航線、海上航線、輸電線路、油氣管道、通信網路等的互聯互通。新亞歐大陸橋的大致走向是，自中國江蘇和山東沿海經哈薩克斯坦、俄羅斯、白俄羅斯取道新亞歐大陸橋，抵達波羅的海沿岸，輻射大部分中東歐地區，涉及走廊沿線18個國家，輻射30多個國家。哈薩克斯坦與中國開通直航，是第二亞歐大陸橋和規劃中的中國—中亞—中東鐵路的主要節點，阿拉木圖、阿斯塔納、塔拉茲是重要的運輸節點。中哈原油管道是中國三大陸上能源戰略通道中第一個建成投用且年輸油量達億噸的跨國管。中東歐各國是中國—中亞—中東鐵路的重要節點。渝新歐、漢新歐、鄭新歐、義新歐等一系列國際貨運班列已經陸續開通。在公路方面，雙西公路於2017年正式投入使用，保障了中國—中亞、中國—哈薩克斯坦、中國—哈薩克斯坦—俄羅斯—西歐三條走向的公路運輸。在中歐陸海快線方面，2014年12月提出的中國—南海—馬六甲海峽—孟加拉灣—印度洋—阿拉伯海—曼德海峽—紅海—蘇伊士運河—地中海—比雷埃夫斯港—斯科普里—

---

① 中華人民共和國商務部. 2016年對「一帶一路」沿線國家投資合作情況 [EB/OL]. 2017-01-19. http://www.mofcom.gov.cn/article/tongjiziliao/dgzz/201701/20170102504429.shtml.

貝爾格萊德—布達佩斯，將為中歐貿易開闢一條新的快捷通道。至今，中歐班列線路已經陸續開通了9條線路，即重慶—杜伊斯堡、成都—羅茲、鄭州—漢堡、蘇州—華沙、武漢—捷克—波蘭、長沙—杜伊斯堡、義烏—馬德里、哈爾濱—俄羅斯、哈爾濱—漢堡。[①]

中蒙俄經濟走廊包括中國、蒙古、俄羅斯以及波羅的海沿岸的愛沙尼亞、拉脫維亞和立陶宛，共計五個國家。其大致走向是自中國華北東北地區，經二連浩特、滿洲里，通過蒙古、俄羅斯，取道第一亞歐大陸橋，抵達波羅的海沿岸。2014—2016年，習近平在同俄羅斯總統普京、蒙古總統額勒貝格道爾吉先後舉行的三次中俄蒙元首會晤中，批准了《中俄蒙發展三方合作中期路線圖》《建設中蒙俄經濟走廊規劃綱要》等文件，從交通基礎設施發展及互聯互通、口岸建設和海關、產能與投資合作、經貿合作等七個方面，打造中蒙俄經濟走廊。在中蒙二連浩特—扎門烏德口岸，中國和蒙古進行了在基礎設施方面的合作，中方基礎設施項目於2016年9月開工，總投資9億元人民幣，涉及給排水、供熱、電力、通信等基礎設施。在鐵路建設方面，2014年2月，中俄同江鐵路界河橋開工建設；2014年11月，巴彥烏拉—新邱鐵路實現部分通車；2016年5月，策克口岸跨境鐵路通道項目正式開工建設，策克口岸將成為中國第一大陸口岸和蒙古最大口岸；2016年11月，中蒙兩國間連接中國內蒙古阿爾山市和蒙古國東方喬巴山市的「兩山」鐵路如期貫通；2015年6月，俄羅斯企業與中國中鐵二院的聯合體中標莫斯科—喀山高鐵項目；二連浩特—集寧鐵路、納烏什基—烏蘭烏德地區鐵路、蒙古國鐵路主幹道的技術改造等項目正在規劃

---

① 廖崢嶸.「一帶一路」、中國與世界[M].北京：社會科學文獻出版社，2017：33-35.

中。在公路建設方面，連接中國連雲港和俄羅斯聖彼得堡的長度達8,500千米的「歐亞交通走廊」，預計在2018年全面完工；計劃在2016—2018年實施14項烏力吉口岸建設項目，總投資約14.9億元人民幣，烏力吉至京新高速公路連接路段的路基和橋涵工程已於2016年9月完成。同時，中、蒙、俄三國將共同規劃發展三方公路、鐵路、航空、港口、口岸等基礎設施資源，加強在國際運輸通道、邊境基礎設施和跨境運輸組織等方面的合作。①

中國—中亞—西亞經濟走廊的大致走向是自中國新疆，經中亞和西亞，抵達波斯灣、地中海沿線，涉及中亞五國（哈薩克斯坦、土庫曼斯坦、塔吉克斯坦、烏茲別克斯坦、吉爾吉斯斯坦），西亞的伊朗、伊拉克、土耳其、敘利亞，外高加索地區的格魯吉亞、阿塞拜疆、亞美尼亞，以及阿富汗，共計13個國家。在鐵路方面，中國與中亞和西亞各國積極合作開發鐵路運輸路線：渝新歐鐵路、義新歐鐵路、歐亞高鐵、中亞高鐵、泛亞高鐵等線路陸續開通，使中國西北地區與中亞地區鐵路運輸網路得以進一步延伸；中吉烏鐵路進入規劃，其建設將完善新亞歐大陸橋，形成東亞、東南亞通往中亞、西亞、北非、南歐的便捷通道，并且有利於中亞、里海石油開採，對開闢中國的石油進口具有重要意義；漢新歐、蓉歐、蘇滿歐、合新歐等中歐貨運班列途經中亞。在公路運輸方面，中國與中亞的公路運輸進一步完善，東起連雲港，途經西安、烏魯木齊、阿拉山口、巴克圖、霍爾果斯等重要城市，與中亞連接。在航空方面，新疆作為絲綢之路經濟帶核心區，目前已與中亞五國及格魯吉亞

---

① 廖崢嶸.「一帶一路」、中國與世界［M］.北京：社會科學文獻出版社，2017：30-33；「一帶一路」中蒙俄經濟走廊［EB/OL］.中金在線. http://news.cnfol.com/guojicaijing/20170419/24617135.shtml.

建立了密切的航線。在管道運輸方面,中國與西亞國家的管道合作處於高速發展階段,中國—中亞天然氣管道 C 線和 D 線分別於 2012 年和 2016 年建成。①

中國—中南半島經濟走廊大致走向是,以中國雲南昆明和廣西南寧為起點,以新加坡為終點,取道中南半島,抵達馬六甲海峽,共計包括越南、泰國、老撾、柬埔寨、馬來西亞、新加坡 6 個國家。中國—中南半島經濟走廊是中國和東盟各國合作的跨國經濟走廊。2014 年,李克強總理在曼谷舉行的大湄公河次區域經濟合作會議上發言,提出深化中國與中南半島各國共同規劃、建設全方位交通運輸網路和產業合作項目的建議。2016 年 5 月,第九屆泛北部灣經濟論壇暨中國—中南半島經濟走廊發展論壇在南寧舉行,會議發布了《中國—中南半島經濟走廊倡議書》,倡議加快區域互聯互通基礎設施建設和合作。在鐵路建設方面,總投資近 400 億元人民幣的中老鐵路客車和貨車項目在 2016 年 4 月和 12 月分別動工,正線總長 500 多千米,起自中國廣西玉溪市,終點老撾萬象,將在 2020 年通車;中國與泰國將合建長 845 千米的泰國首條標準軌鐵路,全部採用中國鐵路技術;2015 年,中國與印度尼西亞聯合準備建設雅加達至萬隆全長 150 千米的高速鐵路項目;另外,從雲南出境的中緬鐵路、中越鐵路亦被納入泛亞鐵路和中國國家中長期鐵路發展規劃。在公路方面,連接廣西東興和越南芒街的中越北崙河公路二橋正式開工建設;廣西開工建設崇左至水口等高速公路,使防城港—東興—芒街—海防—河內公路和南寧—友誼關—河內公路兩條高速公路相連。在航空運輸方面,武漢開通了至泰國、柬埔寨、越南、老撾的試驗航線;雲南將在 2017 年實現東

---

① 廖崢嶸.「一帶一路」、中國與世界 [M]. 北京:社會科學文獻出版社,2017:36–39.

盟10國首都航線全部覆蓋。①

中巴經濟走廊的大致走向是，自中國新疆喀什，經巴控克什米爾地區，縱貫巴基斯坦，抵達印度洋，終點為巴基斯坦的瓜達爾港口。中巴經濟走廊分為東、中、西三段，經巴基斯坦國內協調確認西線為優先路線。2013年5月，李克強總理訪問巴基斯坦期間，提出加強中巴全天候戰略夥伴關係，推進中巴經濟走廊的基礎設施互聯互通。中巴兩國初步制定了修建自中國新疆喀什至巴基斯坦瓜達爾港口的公路、鐵路、油氣管道、光纜覆蓋四位一體的遠景規劃。在鐵路方面，中國幫助巴基斯坦升級該國的「1號鐵路干線」，并向北延伸，經中巴邊境口岸紅其拉甫至喀什。在電力供應方面，中國將幫助巴基斯坦在未來五年內增加80%的電力供應。在公路方面，2016年3月，中巴經濟走廊最大公路項目白沙瓦至卡拉奇高速公路項目（蘇庫爾至木爾坦段）開工，該高速公路全長1,152千米，合同總金額達184.6億元人民幣；中國還將和巴基斯坦一道加快推進升級喀喇昆侖公路改造項目。在港口建設方面，2015年，中國獲租瓜達爾港口40年，設立經濟特區，并進行總額16.2億美元的投資，包括修建瓜達爾港東部連接港口和海岸線的高速公路、防波堤建設、錨地疏浚工程、自貿區基礎建設、新瓜達爾國際機場等9個早期項目。②

孟中印緬經濟走廊的大致走向是，自中國雲南，經緬甸、

---

① 廖峥嵘.「一帶一路」、中國與世界[M].北京：社會科學文獻出版社，2017：36-39；許嬌，等.「一帶一路」交通基礎設施建設的國際經貿效應[J].亞太經濟，2016(3).

② 廖峥嵘.「一帶一路」、中國與世界[M].北京：社會科學文獻出版社，2017：42-43；看見瓜達爾港：世界上最大的深水港解密[EB/OL].中國海事服務網，2016-02-01. http://www.cnss.com.cn/html/2016/gjgkxw_0201/197978.html.

孟加拉、印度，抵達孟加拉灣沿岸，連通印度洋，包括孟加拉、印度、緬甸、尼泊爾、不丹共五國。2013年5月，李克強總理在訪問印度期間，提出共同構建孟中印緬經濟走廊，得到印度、孟加拉、緬甸三國的熱烈響應。在鐵路方面，2016年3月，孟加拉國批准了中鐵建設集團建設215千米的鐵路網的提案，這條鐵路將連接其首都達卡和位於西南部地區的杰索爾；2016年8月，中鐵在孟加拉國簽署帕德瑪大橋鐵路連接線項目建設合同，項目合同金額為31.4億美元；2016年，中國政府為孟加拉國提供90億美元的低息貸款，籌建至少6個鐵路項目；自2012年年底開工建設至今，中緬國際通道經過4年半的緊張施工，時速200千米的廣大鐵路四電系統集成工程和線路鋪架全面鋪開，鐵路已完成投資114.4億元人民幣，占總投資的八成以上，預計2018年開通；2016年3月，尼泊爾與中國簽署10項協定，其中包括兩國之間建設鐵路的計劃，中方在2020年直接從西藏日喀則將鐵路延伸至兩國邊境城市吉隆，然後將尼泊爾三大城市銜接起來。① 在公路方面，連接昆明、瑞麗和緬甸仰光的中緬公路已在建設中，昆明至龍俊段已全程高速；孟加拉國正著手打通連接中國西部至印度東北部的國際公路網路；中國與尼泊爾的基礎設施聯通建設也已取得明顯進展。在管道和通信方面，中緬天然氣管道2013年7月順利通氣；2015年1月，中緬石油管道全線貫通；2014年11月，中緬國際陸地光纖工程全面

---

① 高鐵走出去快速發展，獲得孟加拉國33億美元大單［EB/OL］.頭條國內，2016-03-31. https：//mini. eastday. com/a/160331181254902. html；中國拿下孟加拉國31億美元基建項目：一帶一路新支點［EB/OL］.觀察者網，2016-08－09. http：//mil. news. sina. com. cn/dgby/2016－08－09/doc－ifxutfpc4858911. shtml；中緬國際通道廣大鐵路建設加快［EB/OL］.中華鐵路網，2017-05-07. http：//www. chnrailway. com/html/20170507/1636504. shtml.

貫通。①

### 三、國際產能合作

國際產能合作是指國家之間的生產能力合作。「一帶一路」戰略的提出，有著深刻的中國國內經濟發展和全球經貿形勢的大背景。在經過 30 多年改革開放後，中國的製造業產業規模、技術水平得到極大提高，在鋼材、工程機械、建材、鐵路、有色金屬、化工、電力、能源資源、船舶和海洋工程、通信等領域湧現了一大批具有國際影響力的企業。然而，隨著國內要素稟賦的變化和環境承受力的下降，以前依賴廉價勞動力、大量資源的傳統發展模式難以持續，鋼鐵、建材、石化、煤炭等行業面臨著嚴重的產能過剩。同時，當前的全球經濟面臨重大調整，全球經濟復甦步伐明顯慢於預期，國際貿易增長更是緩慢，中國企業對外出口面臨著很大壓力。「一帶一路」戰略有助於輸出中國的過剩產能，開發中國的國際市場潛力，促進中國企業的結構調整和產業轉型升級，并在與合作國產業互補和經濟互利基礎上，構建國際經濟的國際產能合作機制，促進世界經濟結構調整與產業優化升級，從而推動世界經濟早日復甦。

2015 年 2 月，中國國務院發布《關於加快培育外貿競爭新優勢的若干意見》，提出穩定勞動密集型產品等優勢產品對「一帶一路」沿線國家出口，抓住沿線國家基礎設施建設機遇；推動中國優勢產業產能走出國門，促進中外產能合作，拓展發展空間；鼓勵較高技術水平的核電、發電及輸變電、軌道交通、工程機械、汽車製造等行業企業到「一帶一路」沿線國家投資；支持輕工紡織、食品加工等行業企業到「一帶一路」沿線國家

---

① 廖崢嶸.「一帶一路」、中國與世界［M］.北京：社會科學文獻出版社，2017：42-43.

投資辦廠；鞏固和擴大電力輸送、光纜通信等合作，加快形成面向中亞、俄蒙、新歐亞大陸橋、東南亞、南亞等地區的國際大通道。① 2015 年 5 月，國務院發布《關於推進國際產能和裝備製造合作的指導意見》，鼓勵中國企業採用貿易、承包工程、投資等多種方式，提高企業「走出去」能力和水平，促進國際產能和裝備製造合作，具體涉及鋼鐵、有色、建材、鐵路、電力、化工、輕紡、汽車、通信、工程機械、航空航天、船舶和海洋工程等重點行業與發展中國家進行國際產能合作，鼓勵企業在發展中國家的相關行業對外直接投資和產能合作。② 2015 年 6 月，國家發展和改革委員會進一步制定《國際產能和裝備製造合作重點國別規劃》，結合「一帶一路」和基礎設施互聯互通等政策，圈定涉及「一軸兩翼」45 個重點發展國別，加快推動鐵路、電力、有色、建材、化工、輕紡、汽車、通信、工程機械、航空航天、船舶和海洋工程等重點領域項目和裝備「走出去」。

近年來，為了推進國際產能合作，中國在國家和地方層面陸續成立了多個產能合作基金。在國家層面，比較知名的雙邊產能合作基金包括 2015 年 5 月設立的中拉（拉美）產能合作基金，2015 年 12 月設立的中非產能合作基金、中國—阿拉伯聯合酋長國共同投資基金、中哈（哈薩克斯坦）產能合作專項基金。截至 2017 年 5 月底，中國已經與 30 多個國家簽署產能合作協議。同時，發改委推動建立了國際產能和裝備製造合作部省協

---

① 國務院. 關於加快培育外貿競爭新優勢的若干意見 [EB/OL]. 中華人民共和國國務院新聞辦公室，2015 - 07 - 16. http：//www. scio. gov. cn/32344/32345/32347/33118/xgzc33124/Document/1441376/1441376. htm.

② 國務院. 關於推進國際產能和裝備製造合作的指導意見 [EB/OL]. 中華人民共和國國務院政府信息公開欄，2015 - 05 - 15. http：//www. gov. cn/zhengce/content/2015-05/16/content_ 9771. htm.

同機制。河北省作為國際產能和裝備製造合作示範省，首先簽署產能合作協議，確定把河北省企業在南非、塞爾維亞等國的鋼鐵、水泥、光伏、玻璃等領域13個產能合作項目作為首批項目，由發改委予以協調推動。隨後，江西、湖北、安徽、雲南、北京、上海、廣東、江蘇、山東、浙江等地陸續簽署產能合作協議，明確重點合作領域及所面向的國家或區域。①

2015年以來，在國家大力推進「一帶一路」戰略的大背景下，經過各方面的共同努力，中國國際產能合作獲得顯著成效，主要表現在以下幾個領域：

在鋼鐵領域，中國的過剩富餘產能逐步向海外合理轉移，參與全球鋼鐵產業鏈的能力有所增強，一些鋼鐵企業快速推進全球市場。同時在「一帶一路」戰略推動下，中國鋼鐵企業近年來紛紛在沿線國家投資辦廠，擴大了對這些國家以及其他地區的鋼材出口，并且積極在海外并購重組，從事礦產開發等業務。寶鋼在越南設立了越南寶鋼制罐有限公司，於2013年收購義大利Eurometal印鐵公司，并向馬來西亞Megasteel提供總體技術諮詢，向印度ISPT鋼廠輸出寶鋼噴煤技術②；2014年5月，中國昆鋼集團、越南鋼鐵總公司合資設立的越中鋼鐵廠正式投產，一期項目年產量為50萬噸銑鐵和50萬噸鋼坯，待二期工程完工後，產能將翻倍；2015年3月，中國中冶、馬鋼集團與瑞士福萊姆公司共同簽署了產量100萬噸/年的綜合鋼廠項目合資公司備忘錄；甘肅酒鋼集團也將在哈薩克斯坦建設生產基地③；

---

① 國家信息中心.「一帶一路」大數據報告（2016）[M]. 北京：商務印書館，2016：118-211.
② 徐紹史.「一帶一路」與國際產能合作：行業佈局研究 [M]. 北京：機械工業出版社，2017：340-345.
③ 赫榮亮. 以「一帶一路」促進中國鋼鐵國際產能合作 [EB/OL]. 人民論壇，2015-10-23. http://www.rmlt.com.cn/2015/1023/406186.shtml.

鞍鋼入股澳大利亞金達逼金屬公司，合資成立卡拉拉礦業公司，鞍鋼持股52.16%，并且在義大利、英國、歐洲、東南亞有一系列的國際產能合作；武鋼在2014年年底，向阿根廷出口了3萬噸鋼軌，和中鋼合作向印度尼西亞出口了9,000噸鋼軌，并且通過購買股權在多個國家獲得8個鐵礦項目，在利比里亞邦礦鐵精項目順利投產[1]；河鋼集團成功收購塞爾維亞斯梅代雷沃鋼廠；天津鋼管在美國亞拉巴馬州建設無縫鋼管廠；廣西北部灣國際港務集團有限公司、廣西盛隆冶金有限公司共同出資馬中關丹產業園350萬噸綜合鋼廠項目順利開工建設；青山集團印度尼西亞中蘇拉威西省青山工業園區一期鎳鐵冶煉項目建成；寶鋼在泰國組建寶力鋼管（泰國）有限公司（持股51%，無縫鋼管年產能達到20萬噸）；武鋼收購蒂森克虜伯旗下激光拼焊集團；馬鋼成功收購了世界高鐵輪軸名企法國瓦頓公司等。[2]

在冶金和有色金屬行業，國際產能合作也取得重大成果。中冶、中鋼、首鋼國際等參與了一大批具有重要影響的國際鋼鐵項目，如巴西GA鋼廠項目、伊朗ARFA（阿爾法）年產80萬噸電爐煉鋼連鑄項目、日本住友金屬和歌山燒結項目、俄羅斯馬格尼托戈爾斯克鋼廠（MMK）冷軋二期、土耳其熱軋項目、越南臺塑河靜鋼鐵項目等。[3] 2017年3月，中國有色金屬國際產能合作企業聯盟成立，目的在於促進中國有色企業抱團出海開展國際產能合作，帶動有色行業產能、裝備、技術等全方

---

[1] 徐紹史.「一帶一路」與國際產能合作：行業佈局研究[M].北京：機械工業出版社，2017：340-345.

[2] 重磅：中國鋼鐵行業國際產能合作企業聯盟成立[EB/OL].搜狐財經，2017－03－27. http://mt.sohu.com/business/d20170323/129944775_611198.shtml.

[3] 重磅：中國鋼鐵行業國際產能合作企業聯盟成立[EB/OL].搜狐財經，2017－03－27. http://mt.sohu.com/business/d20170323/129944775_611198.shtml.

位輸出。截至2016年年底，中國在海外投資建成投產的有色金屬礦山，採選礦權益產能超過5,000萬噸；在哈薩克斯坦、印度、阿塞拜疆、蒙古等國家和地區承建了電解鋁等重要項目；與美國、德國、俄羅斯等開展了一系列深度國際合作。中國有色金屬海外工程承包項目主要分布在哈薩克斯坦、伊朗、緬甸、讚比亞、老撾、越南、塔吉克斯坦、吉爾吉斯斯坦、澳大利亞、印度尼西亞、蒙古、印度、委內瑞拉等國。①

在水泥等建材行業，中國相關企業「走出去」和成套裝備出口規模不斷擴大。據中國水泥研究院統計，中國水泥企業的足跡已經遍布「一帶一路」沿線近30個國家，國內水泥裝備企業更進入了近百個海外市場。2013年以來，海螺集團作為中國水泥的領軍企業，「走出去」不斷加速。截至2016年年底，海螺集團在印度尼西亞、緬甸、柬埔寨、老撾、俄羅斯五個國家先後註冊設立14家公司，累計完成投資79億元人民幣，已形成熟料產能510萬噸，海外員工達1,700多人。② 另外，2015年12月，位於塔吉克斯坦的華新亞灣公司向阿富汗出口首批水泥；目前華新在塔吉克斯坦已擁有3,200t/d和3,000t/d兩條熟料生產線。2014年華新柬埔寨公司3,000t/d熟料生產線投產；電建海投、冀東、中聯、永發等一大批中國企業走出國門。截至2016年12月31日，中國水泥企業海外投資的在建和準備建設的生產線近20條。③ 同時，中材集團、中建材集團、廣東科達

---

① 徐紹史．「一帶一路」與國際產能合作：行業佈局研究［M］．北京：機械工業出版社，2017：347；中國有色金屬國際產能合作企業聯盟成立［EB/OL］．湖南省有色金屬管理局政府新聞，2017-04-03. http://www.hnys.gov.cn/xxgk/gzdt/zfxw/201704/t20170403_4124963.html.

② 海螺水泥集團海外累計投資79億元［EB/OL］．中國水泥信息網，2017-05-22. http://www.ccement.com/news/content/8990872845821.html.

③ 中國水泥2016年海外投資項目排行榜［EB/OL］．中國水泥信息網，2017-01-04. http://www.ccement.com/news/content/8795792357614.html.

集團、雙鴨山山東牆材集團、福耀集團等大型建材企業，通過工程承包、合資、直接投資辦廠等多種形式，并積極利用亞投行、絲路基金、中國—歐亞經濟合作基金等政策性資金支持，與「一帶一路」沿線國家和發達國家開展國際產能合作。

在工程機械方面，徐工集團、中聯重科、三一集團、山推股份、安徽叉車集團、廣西柳工等為代表的企業積極開展海外營銷，進行國外并購活動，其海外渠道不斷拓寬。目前，三一重工的業務覆蓋100多個國家和地區，海外員工超過4,000人，海外市場銷售額已經占公司業績的40%以上，并且其中70%的收益來自「一帶一路」沿線國家和地區。廣西柳工海外業務基本覆蓋了國家「一帶一路」戰略沿線國家和地區，公司的海外市場占總營業收入的比重在2013—2015年期間不斷提升，2015年海外營業收入占總營業收入比重已經超過3成。① 山推股份已經在俄羅斯、巴西、阿拉伯聯合酋長國、南非等建立10家海外公司，發展了71家海外代理商，正著手實施阿爾及利亞OFP項目及伊朗、俄羅斯、古巴製造基地。安徽叉車集團在全球設立了100多家海外代理商，計劃實施南美生產基地項目。徐工集團設立了40個海外辦公室，并在德國、巴西、美國設立了研發中心，將實施烏茲別克二期項目、伊朗和波蘭工廠擴建項目、馬來西亞和哈薩克斯坦KD工廠項目。②

在船舶和海洋工程方面，以中船工業集團公司、中船重工集團公司為代表的企業積極在境外投資建廠，并拓展海外工程業務，加強與印度尼西亞、印度、斯里蘭卡等國家的投資合作，并加大與西非國家的投資和裝備合作。中船工業集團公司2014

---

① 工程機械報告3：好風憑藉力，當工程機械遇上「一帶一路」［EB/OL］．搜狐財經，2017-04-28. http：//www. sohu. com/a/136923566_ 619357.

② 徐紹史．「一帶一路」與國際產能合作：行業佈局研究［M］．北京：機械工業出版社，2017：354-358.

年建成投產海外電站 41 臺/4.3 萬千瓦，正在推進非洲、中東、東南亞、俄羅斯等國家和地區的 24 個項目，預計總裝機容量 300 臺/32 萬千瓦。中船重工集團公司在俄羅斯、尼日利亞、厄瓜多爾、伊朗、巴基斯坦、緬甸、南非等國設立銷售和服務分支機構；在尼日利亞設立華尼船舶與海洋工程國際有限公司，合資開展尼日利亞海軍船廠建設；計劃在巴基斯坦卡拉奇建立一座低速柴油機發電站，并對兩個柴油機發電站進行擴建；在巴基斯坦建立一座風力發電站；2014 年完成埃及亞歷山大船廠的改造升級；簽署沙特、新加坡船廠的設計項目；跟蹤南非、坦桑尼亞、巴基斯坦、伊朗、巴西、俄羅斯、委內瑞拉等國的船廠建設工作。[1]

在石化行業，「一帶一路」戰略將行業升級、結構調整、綠色發展列為石化行業的「十三五」規劃重點。中國石化企業積極響應「一帶一路」號召，推進石化產業鏈合作，積極「走出去」，將重點規劃建設若干海外石化產業園區：一是中東石化產業基地，選址伊朗查巴哈爾、巴基斯坦瓜達爾港；二是以皎漂港工業園區為龍頭建設東南亞石化產能合作基地；三是中亞化工循環經濟合作園區；四是中歐化工產業園區。[2] 中國石油企業在「一帶一路」沿線國家有大量油氣投資和合作項目。中石化與「一帶一路」沿線 19 個國家進行 50 個項目合作，主要集中在俄羅斯、哈薩克斯坦、印度尼西亞、緬甸、伊朗、敘利亞、沙特、也門、埃及、蒙古等國。中石油與「一帶一路」沿線 19 個國家進行 50 個項目合作，通過推進基礎設施建設，逐步建成了中亞、中俄、中緬及海上等 4 大油氣運輸通道。福建聯合石

---

[1] 徐紹史.「一帶一路」與國際產能合作：行業佈局研究 [M]. 北京：機械工業出版社，2017：358-363.
[2] 中國化工行業參與「一帶一路」面臨五大挑戰 [EB/OL]. 中華商務網，2017-05-15. http://www.chinaccm.com/32/20170515/3203_4139616.shtml.

化加緊籌建湄洲灣石化物流貿易區等，推動設立總投資50億元人民幣的中國—阿拉伯石化產業合作園區。2016年，山東恒源石化集團收購了殼牌馬來西亞煉油有限公司51%的股權。在輪胎等產業，玲瓏輪胎和森麒麟輪胎兩家企業已在泰國投資建廠；賽輪股份在越南建成輪胎生產線；奧戈瑞輪胎與印度尼西亞合資設廠；中策橡膠利用泰國的天然橡膠資源，在泰國羅勇府泰中羅勇工業園投資了中策的海外首家工廠，也是泰國目前最大的輪胎廠，主要生產半鋼子午線輪胎和部分全鋼胎。[①]

## 四、商貿往來

根據商務部發布的數據，近年來，中國在推進「一帶一路」沿線國家的貿易暢通、加強經貿合作領域保持著良好的發展態勢。

第一，雙邊貨物貿易規模不斷擴大。2014—2016年，中國與沿線國家貿易總額約20萬億元人民幣，增速高於全球平均水平。2016年，在國際市場低迷和中國總體貿易有所下降的情況下，中國與「一帶一路」沿線國家的貿易額達到6.3萬億元人民幣，同比增長0.6%。2017年第一季度，中國與「一帶一路」沿線國家雙邊貨物貿易總額超過16,553億元人民幣，同比增長26.2%。

第二，雙向投資合作不斷拓展。2014—2016年，中國企業對沿線國家對外直接投資超過500億美元；在沿線國家新簽對外承包工程合同額3,049億美元。2016年，中國企業對沿線國家直接投資達到145億美元。2017年第一季度，中國對「一帶

---

[①] 石化行業「一帶一路」朋友圈全解讀［EB/OL］.新浪財經，2017-05-16. http://finance.sina.com.cn/money/future/indu/2017-05-16/doc-ifyfekhi7850154.shtml.

一路」沿線43個國家有新增非金融類直接投資，合計29.5億美元，占同期總額的14.4%；與沿線61個國家新簽對外承包工程項目合同952份，新簽合同金額222.7億美元，占同期中國對外承包工程新簽合同金額的51.8%。

第三，境外經貿合作區建設方面，中國企業已經先後在20個沿線國家建設了56個境外經貿合作區，目前累計投資超過185億美元；同時，中國與「一帶一路」沿線國家有11個自由貿易區建設協定，包括中國和東盟自貿協定、中國和巴基斯坦自貿協定、中國和新加坡自貿協定等。①

以下簡單介紹中國與「一帶一路」沿線主要國家和地區的經貿關係發展情況。

（1）東南亞國家

在「一帶一路」沿線，東南亞地區與中國的貿易往來最為密切。2016年，中國與東南亞的貿易總額為4,554.4億美元，占與「一帶一路」沿線國家貿易總額9,536億美元的47.8%。在2016年中國與「一帶一路」沿線國家貿易排行榜上，四個東南亞國家列第一位至第四位，即越南（進出口總額為986.8億美元）、馬來西亞（進出口總額為875.4億美元）、新加坡（進出口總額為832.3億美元）、泰國（進出口總額為658.3億美元）；另外，印度尼西亞、菲律賓列第七位和第八位。以下簡單介紹中國與越南、馬來西亞、新加坡和泰國的經貿情況。

截至2016年年底，越南是中國在「一帶一路」沿線國家中

---

① 商務部：中國與「一帶一路」國家經貿合作勢頭良好［EB/OL］.央廣網，2017－04－28. http://news.cnr.cn/native/gd/20170428/t20170428_523729663.shtm；商務部商務數據中心統計數據［EB/OL］. http://www.mofcom.gov.cn/article/tongjiziliao/；2016年中國同「一帶一路」沿線國家貿易額增長0.6%［EB/OL］.新浪財經，2017－02－25. http://finance.sina.com.cn/roll/2017-02-25/doc-ifyavwcv8824683.shtml.

第一大貿易夥伴、第一大出口國；而中國是越南第一大進口國、第三大出口市場（僅次於美國、歐盟）。在中越經貿關係中，中國向越南進口的商品主要包括煤炭、原油、天然橡膠、礦砂和精礦、水產品、果蔬、腰果、植物油、木製品、塑料製品等。中國向越南出口的商品主要包括成套設備、紡織原輔料、化工原料、成品油、化肥、鋼鐵、農產品等。中國企業在越南直接投資主要集中在加工製造、基礎設施、建築服務等領域，集中分布在越南南部胡志明市周邊省份和北部河內、海防、廣寧、北寧、北江等省市。① 根據越南政府網站報導，2017年1~2月份，中國已經成為越南最大的直接投資來源國，投資金額達6.08億美元，占越南新增外資總額的30％。②

馬來西亞和中國有長期密切的經貿關係。馬來西亞是第一個與中華人民共和國建交的東盟國家。2002年，馬來西亞成為中國與東盟合作的第一大貿易夥伴。自2009年起，中國成為馬來西亞的第一大貿易夥伴。2013年10月，馬來西亞與中國的關係被提升為「全面戰略夥伴關係」。2008—2015年，馬來西亞一直是中國在東盟的第一大貿易夥伴。2016年，中國和馬來西亞進出口總額為875.4億美元，僅次於越南，其中從中國進口492.2億美元，為「一帶一路」沿線國家中第一大中國貨物進口國。中國對馬來西亞出口商品主要包括機電產品、賤金屬及其製品、化工產品、塑料、橡膠、光學產品、鐘表、醫療設備、運輸產品、紡織品及原料等。中國從馬來西亞進口的商品主要包括機電產品、礦產品、塑料、橡膠、動植物油脂、賤金屬及

---

① 陳偉光，等.「一帶一路」建設與提升中國全球經濟治理話語權［M］. 北京：人民出版社，2017：111-112.

② 2017年前兩個月中國是越南最大投資來源國［EB/OL］. 新浪財經，2017-03-10. http://finance.sina.com.cn/roll/2017-03-10/doc-ifychihc6146201.shtml.

其製品、化工產品、光學產品、鐘表、醫療設備、食品、飲料、菸草、木及其製品等。① 據商務部的數據，2015 年，中國企業對馬來西亞直接投資超過 4 億美元，增長達到 237%。2016 年 1~9 月，中國對馬來西亞直接投資已經突破 5 億美元，再創歷史新高。據馬來西亞貿工部數據，2016 年中國成為馬來西亞製造業最大的外資來源地，投資額達 47.7 億馬幣。②

據新加坡國際企業局數據，2016 年，中國和新加坡進出口總額為 832.3 億美元，其中新加坡從中國進口 403.9 億美元，占新加坡進口總額的 14.3%，位居第一；新加坡對中國出口 428.4 億美元，占新加坡出口總額的 13%，位居第一。機電產品是新加坡對中國出口的主力產品，2016 年出口額為 237.5 億美元，占新加坡出口中國總額的 55.4%。塑料、橡膠、化工產品、礦產品是新加坡出口到中國的第二至第四類產品，分別占新加坡出口中國總額的 10.8%、10.1% 和 7.7%。機電產品是新加坡從中國進口的首位商品，2016 年進口額為 244.2 億美元，占新加坡從中國進口總額的 60.5%。礦產品、賤金屬及其製品是新加坡從中國進口的第二和第三類產品，占新加坡從中國進口總額的 9.5% 和 7%。另外，光學產品、鐘表、醫療設備、化工產品和紡織品及原料也是新加坡從中國進口的主要商品，2016 年合計占新加坡從中國進口總額的 9.7%。③

---

① 陳偉光，等.「一帶一路」建設與提升中國全球經濟治理話語權 [M]. 北京：人民出版社，2017：117-118.
② 中國對馬來西亞投資激增 [EB/OL]. 網易財經，2016-11-02. http://money.163.com/16/1102/05/C4RHEDNC002580S6.html；馬來西亞成為全球最具吸引力投資地？這背後的原因 [EB/OL]. 搜狐財經，2017-05-20. http://mt.sohu.com/business/d20170520/142005961_454927.shtml.
③ 中華人民共和國駐新加坡大使館經濟商務參讚處. 2016 年新加坡貨物貿易及中新雙邊貿易概況 [EB/OL]. 2017-06-02. http://sg.mofcom.gov.cn/article/maoyi/baoxian/201706/20170602585543.shtml.

泰國和中國經貿關係持續穩步發展。中國是泰國的最大貿易夥伴、第一大出口市場和第一大進口來源國,泰國是中國在東盟國家中的第四大貿易夥伴。2016年中泰雙邊貿易額658.3億美元,同比增長1.6%;其中,向泰國出口420.2億美元,同比增長2.3%;從泰國進口238.1億美元,同比增長0.3%。① 塑料及橡膠、機電產品、植物產品是泰國出口到中國的前三類商品;化工產品和礦產品為泰國出口到中國的第四、第五大類商品。機電產品是中國出口到泰國的最主要產品,約占中國出口泰國總額的50%,其他重要產品包括賤金屬及其製品、化工產品、塑料及橡膠、紡織品及原料等。2016年,中國對泰非金融類直接投資新增8.3億美元,同比增長88.3%。中國企業在泰新簽對外承包工程、勞務合作和設計諮詢合同金額38.4億美元,同比下降3.1%;完成營業金額29.4億美元,同比增長4.5%。

(2) 南亞國家

「一帶一路」沿線在南亞地區包括印度、巴基斯坦、孟加拉、阿富汗、斯里蘭卡、馬耳他、尼泊爾、不丹共八個國家。印度和巴基斯坦是「一帶一路」沿線與中國經貿往來和合作非常密切的國家。在2016年中國與「一帶一路」沿線國家貿易額排行榜上,印度列第五位,巴基斯坦列第十三位。中國是南亞各國主要的貿易夥伴和外資來源國,是印度、巴基斯坦、斯里蘭卡、阿富汗等國最大的貿易夥伴。以下簡單介紹中國與印度、巴基斯坦的經貿關係。

近年來,中印經貿關係發展日益密切。2009年以來,中國超越美國成為印度的第一大貿易夥伴。但是中國對印度出口額

---

① 中華人民共和國駐泰國大使館. 中泰關係簡介 [EB/OL]. 2017-06. http://www.chinaembassy.or.th/chn/ztgx/gxgk/t86119.htm.

增長的速度快於中國從印度的進口額增長速度，由此導致了不斷擴大的貿易順差。目前，中國是印度第一大貿易逆差國。2016年，中國對印度進出口貿易總額為701.5億美元，其中對印度出口總額583.9億美元，進口總額117.6億美元，貿易順差金額為466.3億美元。2016年，中國是印度第七大出口國。在印度出口至中國的商品種類中，排名靠前的主要為鑽石、棉線、鐵礦石、銅和有機化學品。印度則是中國最大的肥料和抗生素進口國。2016年，中國對印度非金融類直接投資總流量為10.63億美元，同比增加643.4%；截至2016年12月底，中國對印度非金融類直接投資存量為48.33億美元。總體而言，中國對印度的直接投資流量和存量數額都較小，而且波動較大。近年來，隨著印度吸引外資的力度加大，中國企業對印度的直接投資開始增加，尤其是在製造業（手機）、汽車和汽車配件、冶金、電氣設備、機械等行業。①

中國與巴基斯坦經貿關係源遠流長。2015年，中巴雙邊貿易總額為189.3億美元；其中，中國對巴基斯坦出口164.5億美元，自巴基斯坦進口24.8億美元。② 2016年，中巴雙邊貿易總額為193.5億美元，其中我對巴基斯坦出口174.4億美元，自巴基斯坦進口19.1億美元。③ 巴基斯坦主要向中國出口棉紗、家

---

① 中華人民共和國駐孟買總領事館經濟商務室. 2016年中印經貿數據 [EB/OL]. 2017-02-06. http://bombay.mofcom.gov.cn/article/zxhz/201702/20170202510632.shtml；2016年中印雙邊貿易報告出爐，這些要點你該知道 [EB/OL]. 百度金融商城，2017-02-23. https://jin.baidu.com/article/loan/1385542.html.

② 中華人民共和國駐巴基斯坦大使館經濟商務參讚處. 2015年中巴雙邊經貿合作情況 [EB/OL]. 2016-04-12. http://pk.mofcom.gov.cn/article/zxhz/hzjj/201606/20160601345356.shtml.

③ 2016年中國與「一帶一路」沿線國家貿易情況 [EB/OL]. 中商情報網，2017-05-17. http://www.askci.com/news/finance/20170517/09295198237.shtml.

用紡織品、服裝、礦石和礦產品、銅、皮革製品、海產品、電子產品、醫療手術器械等；而中國主要向巴基斯坦出口滌綸及絲綢面料、化肥、輪胎、手機、通信產品、燃氣渦輪機、摩托車零件、活塞式內燃機、家用電器、鋼鐵製品、機械製品等。①中國已經超越美國成為巴基斯坦最大的外國直接投資者。中國人民銀行數據顯示，從 2013 年 7 月到 2017 年 1 月，中國對巴基斯坦直接投資達 18.2 億美元，遠超同期美國對巴基斯坦直接投資的 5.05 億美元。2015 年，中國承諾向巴基斯坦提供貸款及融資 550 億美元，以加強中巴經濟走廊建設。②

（3）俄羅斯、中東歐、中亞國家

俄羅斯、中東歐、中亞國家也是中國「一帶一路」發展戰略中的重要一環。中東歐包括波蘭、捷克、斯洛伐克、匈牙利等中歐國家，立陶宛、拉脫維亞、愛沙尼亞等波羅的海國家，以及塞爾維亞、克羅地亞、斯洛文尼亞、波黑、馬其頓、黑山、羅馬尼亞、保加利亞、阿爾巴尼亞等巴爾干半島國家，總共 16 個國家。「一帶一路」沿線中亞國家包括哈薩克斯坦、烏茲別克斯坦、土庫曼斯坦、吉爾吉斯斯坦和塔吉克斯坦五個國家。

隨著中國和俄羅斯在國際戰略上的合作日益加深，中俄經貿依存度日益加強。但是因為俄羅斯經濟低迷，近年來中俄進出口總量存在一些波動。2015 年，中國對俄羅斯進出口總額 4,227.3 億元人民幣，比上年下降 27.8%。其中，對俄出口 2,162.3 億元人民幣，下降 34.4%；自俄進口 2,065 億元人民幣，

---

① 「一帶一路」沿線國家：巴基斯坦 2015 年情況介紹［EB/OL］.中商情報網，2015 - 11 - 13. http://www.askci.com/news/finance/20170517/09295198237.shtml.

② 中國成為巴基斯坦最大外國投資夥伴［EB/OL］.中國財經，2017-04-17. http://finance.china.com.cn/roll/20170417/4177439.shtml.

下降19.1%。① 2016年，中俄進出口貿易回升，中俄貿易總額達到了695.3億美元，同比增長2.2%。中國繼續保持俄第一大貿易夥伴地位。② 在中國對俄羅斯出口方面，機電產品、紡織服裝、塑料製品、家具及零件、玩具、鞋類及箱包為主要商品。俄羅斯對中國出口原油、鋸材、農產品、成品油、原木、水海產品等商品。根據商務部發布的新聞，2016年，中國企業對俄羅斯非金融類直接投資已經達到140.2億美元，中國繼續保持了俄羅斯第四大投資來源國地位。中俄兩國在能源、核能、航空、航天、基礎設施建設等領域的戰略性大項目合作也取得了積極進展。③

近年來，在「一帶一路」戰略和中國—中東歐國家合作（「16+1」）機制推動下，中國與中東歐國家之間的經貿關係得到了穩定的發展。2016年，中國與中東歐16國貿易總額為586.54億元人民幣，同比增長9.5%，屬於逆勢增長。雙方貿易增長勢頭迅猛，合作潛力巨大。目前，中國企業在中東歐的直接投資已超過50億美元。2016年11月，中國—中東歐金融控股有限公司成立，發起成立中國—中東歐基金，規模將達100億歐元。④

---

① 2015年中國對俄貿易遭挫　進出口雙雙下降［EB/OL］．跨境電商，2016-03-15. http：//www.ebrun.com/20160315/169036.shtml.

② 李輝：2016年中國繼續保持對俄第一大貿易夥伴國地位［EB/OL］．鳳凰資訊，2017-02-08. http：//news.ifeng.com/a/20170208/50665910_0.shtml.

③ 2016年中國企業對俄羅斯直接投資達140億美元［EB/OL］．黑河市人民政府門戶網站，2016-12-30. http：//www.heihe.gov.cn/html/2016-12/9-27-25-95167.html.

④ 宋敬武：中國與東歐16國貿易額逆勢增長［EB/OL］．http：//money.163.com/17/0608/10/CMDCJQ71002580S6.html#from=keyscan；中國—中東歐基金在里加10+1領導會晤期間正式宣布成立［EB/OL］．搜狐財經，2016-11-06. http：//www.sohu.com/a/118275743_499032.

2017年1月，中國迎來同烏茲別克斯坦、哈薩克斯坦、塔吉克斯坦、吉爾吉斯斯坦和土庫曼斯坦建交25週年紀念日。25年來，中國與中亞五國的雙邊貿易穩定發展。2016年，中國成為吉爾吉斯斯坦、土庫曼斯坦第一大貿易夥伴，哈薩克斯坦、烏茲別克斯坦和塔吉克斯坦第二大貿易夥伴。[①] 2016年，中國和哈薩克斯坦雙邊貿易總額達78.8億美元（出口36.7億美元，進口42.1億美元），中國是哈薩克斯坦的第一大進口來源地和第二大出口市場。

（4）西亞國家

「一帶一路」西亞沿線國家包括伊朗、伊拉克、格魯吉亞、亞美尼亞、阿塞拜疆、土耳其、敘利亞、約旦、以色列、巴勒斯坦、沙特、巴林、卡塔爾、也門、阿曼、阿拉伯聯合酋長國、科威特、黎巴嫩、塞浦路斯，共19國。

在中國與西亞國家的貿易投資合作中，石油占據了雙邊經貿關係的重要地位。伊朗、沙特、阿曼、科威特、伊拉克、阿拉伯聯合酋長國、卡塔爾等西亞國家是中國重要的石油進口來源國。中國向西亞出口的商品主要包括紡織服裝、電子機械、家具、鋼鐵等商品。據中國海關統計，2014年中國從西亞國家進口商品總額為1,611.7億美元，對西亞國家出口商品總額為1,132.8億美元。近十多年，沙特阿拉伯一直是中國在西亞地區最大的貿易夥伴，阿拉伯聯合酋長國、伊朗和阿曼則基本維持在第二位至第四位。與中國貿易提升最快的是伊拉克。中國與西亞地區的貿易具有國別集中度高的特徵，2015年中國與阿拉伯聯合酋長國、沙特阿拉伯、伊朗、伊拉克、科威特的貿易額

---

① 商務部就中國同中亞國家經貿合作等情況舉行新聞發布會［EB/OL］.中華人民共和國中央人民政府網，2017-01-12. http：//www. gov. cn/xinwen/2017-01/12/content_ 5159226. htm#1.

達1,698.52億元，占中國與西亞貿易總額的61.89%。2014年中國對西亞各國的直接投資流量高達22.01億美元，同比增長65.2%。[1]

(5) 北非國家

「一帶一路」北非國家包括埃及、利比亞、突尼斯、阿爾及利亞、摩洛哥、蘇丹等國家。北非地區礦產資源豐富，尤其是原油、天然氣、磷礦石儲備巨大，這些都是中國需要的重要戰略物資。以下簡單介紹中國與埃及、阿爾及利亞和利比亞之間的經貿關係。

2016年，埃及是中國在非洲的第三大貿易夥伴。2016年雙邊進出口貿易總額為109.93億美元。[2] 埃及對中國出口的產品主要為棉花、大理石、塑料、石油產品、亞麻製品、玻璃和牛皮等原材料初級產品。中國向埃及出口的主要產品為數據處理設備、菸梗、卡車輪胎、交流電發電機、解碼器和無線電傳播設備。

2014年，中國與阿爾及利亞進出口貿易總額為100.2億美元。其中，阿爾及利亞對中國出口18.2億美元，占阿爾及利亞出口總額的2.9%；阿爾及利亞自中國進口82.0億美元，增長20.2%，占阿爾及利亞進口總額的14.1%。2014年，阿爾及利亞對中國貿易逆差63.8億美元，增長37.5%。礦物燃料一直是阿爾及利亞對中國出口的主要商品，2014年的出口額為18.1億美元，占阿爾及利亞對中國出口總額的99.8%，其他出口商品還有皮革製品、軟木及其製品、礦砂、鉛及其製品、鋅、銅、

---

[1] 「一帶一路」沿線國家的投資現狀及貿易合作分析 [EB/OL]. 中國貿易金融網，2017-01-16. http://www.sinotf.com/GB/News/1003/2017-01-16/5NMDAwMDIxODY5Ng.html.

[2] 中非合作論壇：中非貿易數據 [EB/OL]. 2017-04-10. http://www.fmprc.gov.cn/zflt/chn/zxxx/t1452476.htm.

塑料製品和飲料等。阿爾及利亞自中國進口的主要商品有機械設備、機電產品、運輸設備、鋼材、橡膠及其製品。截至2014年12月底，中國在阿爾及利亞的出口貿易中居第十位，但在阿爾及利亞進口貿易中居第一位。①

2003—2010年，中國與利比亞之間的經貿關係發展迅速，從2004年的6.7億美元增長至65.7億美元。但是自從2011年利比亞國內戰爭後，中國與利比亞之間貿易起伏很大。2011年，中利雙邊貿易降至27.8億美元。2016年，中利雙邊貿易總額為15.3億美元，同比下降46%，其中中方出口額為11.8億美元，進口額為3.5億美元。中方主要出口商品為機電、通信、紡織品等，進口商品主要是原油。②

# 第三節 「一帶一路」建設與提升中國經濟話語權的戰略思考

## 一、「一帶一路」建設與中國經濟話語權之間的關係

「一帶一路」戰略的推進，對於中國獲得在國際經濟體系中的有利地位，以及提升在國際經濟中的話語權，有著積極的促進作用。西方國家主導下的現存國際經濟體系，包含著諸多西方價值觀。美國在一些重要的國際經濟組織如國際貨幣基金組織、世界銀行等，推動了包含著西方價值觀的國際經濟規則制

---

① 2014年阿爾及利亞與中國的雙邊貿易額為100.2億美元 [EB/OL]. 中商情報網，2015-05-05. http：//www.askci.com/news/2015/05/05/95313yz8c.shtml.

② 中國外交部. 中國同利比亞關係 [EB/OL]. 2017-02. http：//wcm.fmprc.gov.cn/pub/chn/pds/gjhdq/gj/fz/1206_28/sbgx/t6306.htm.

定。比較而言，中國「一帶一路」建設在時代背景、倡議目標、遵循的基本原則、運作機制、製度設計、實施方案等方面與其有著明顯的區別。具體而言，中國「一帶一路」建設，有著以下五個方面的中國特色：

第一，「一帶一路」戰略的提出，有著特定的歷史和時代背景。古代中國曾經與世界其他地區進行過密切的經濟、文化交流。絲綢之路起始於中國，是連接古代東西方之間的經濟、政治、文化的主要通道。「一帶一路」在新的歷史背景下，傳承了中國文化傳統，并賦予了新的時代內涵。在全球化的影響下，當今世界經濟格局正經歷著深刻的變化。一方面，隨著中國改革步入深水區和攻堅期，體制弊端和深層次矛盾湧現，勞動力成本上升，傳統經濟發展模式面臨轉型，而「一帶一路」戰略有利於推進中國企業改革，增強企業國際競爭力，并進行產業結構升級，解決產能過剩、就業壓力大、外匯資本過剩等國內經濟問題；另一方面，在目前世界經濟繼續低迷，進出口貿易增長乏力等大的國際形勢下，「一帶一路」戰略有助於中國企業開拓國外市場，提升進出口貿易，開闢新的投資地理空間，創造商業和就業機會，促進區域間經濟合作與發展。

第二，「一帶一路」建設，目的在於加強與沿線國家之間的互聯互通，開展更大規模、更深層次、更高水平的區域經貿合作，共同打造開放、包容、均衡、普惠的區域經濟合作架構，這與二戰後美國推行的馬歇爾計劃有著本質的區別。馬歇爾計劃是在二戰結束後，美國力圖通過大量資本輸出，幫助歐洲同盟國進行經濟重建，并借此來阻止蘇聯在歐洲擴張勢力的一項戰略。同時，美國還主導創立了布雷頓森林體系，建立了美元和美國在世界經濟中的霸權地位。由此可以看出，馬歇爾計劃出現在「冷戰」期間，在其運行中帶有濃厚的意識形態色彩，對當時的社會主義國家採取了排斥態度。比較而言，中國推行

的「一帶一路」建設本著開放、包容態度，歡迎包括美國、日本等西方國家以及印度、越南等發展中國家，加入到「一帶一路」框架的合作內容中來，共同發展、相互合作、互惠互利。

第三，「一帶一路」倡議提出了一系列具有中國特色的全球治理思想，彌補了現存全球經濟治理體系的缺陷和不足，從而有助於中國累積全球經濟治理的經驗，進而推動未來全球經濟治理話語權的改革和重塑。「一帶一路」戰略表明中國開始積極參與國際經濟治理事務，主動彰顯「大國形象」和「負責任的利益攸關方」，努力扮演全球經濟治理的恰當角色。同時，「一帶一路」倡議倡導「利益共同體」「共同利益」「命運共同體」的理念，包含著當今人類追求共同發展、和諧世界、和平共處的價值目的，也包含著世界各國所必須遵循的共同的價值觀和交往準則。目前西方國家出現了一股逆全球化、反全球化聲浪，中國的「一帶一路」建設凸顯中國智慧，將引領新一輪多邊主義合作潮流，為國際社會帶來大量商業機遇。

第四，中國的「一帶一路」建設，尊重發展中國家在國際經濟體系和均衡發展中的恰當地位，照顧其核心利益，妥善解決雙方存在的分歧，由此在相關國際組織及協議的運作機制和製度設計上，中國實踐將為全球經濟治理模式做出重要貢獻。在以往西方主導的國際組織中，經常出現大國強權、壓制弱國接受若干條件作為參加入會、接受經濟援助的情況，這些在國際貨幣基金組織、世界銀行等國際組織運作中比較常見。比較而言，中國在國際合作中奉行尊重國家主權、不干涉內政、平等互利等原則，在國際經濟援助中堅持不與政治標準掛鉤，致力於推動沿線相關國家擴大市場開放和貿易投資便利化，有利於促進國際經貿規則制定朝著更加公正合理的方向發展，是全球經濟治理模式的最新探索。

第五，在實施方案上，中國的「一帶一路」突出強調推進

基礎設施聯通合作、拓展國際產能和能源資源合作、深化經貿產業合作，同時積極推動與沿線國家建設高標準的自貿區網路，以構建全方位對外開放新格局。中國為解決「一帶一路」基礎設施基金的缺口，積極構建多元性融資渠道。在「一帶一路」融資結構中，資金來源主要分為五個層次：第一層是國內政策性銀行，如國家開發銀行和進出口銀行；第二層是新興多邊開發金融機構，以亞投行和絲路基金為代表；第三層是國內商業銀行，主要以四大國有商業銀行為主；第四層是傳統世界多邊金融機構，如世界銀行和亞洲開發銀行；第五層為進出口信用保險為代表的輔助機構。

## 二、對策及建議

結合第一章關於「國際話語權」的理論界定，本書認為，「一帶一路」戰略能大力提升中國在國際貿易和投資、國際產能合作和產業互動、國際金融和融資等主要經濟領域的國際話語權，涉及中國國家核心利益在以上經濟領域所發生的有關國際製度、國際規則、國際議程、國際標準的設置、修改、制定，對歷史和現實中的國際經濟事務、特定國際經濟現象的評論、表述、定義、裁判，從而引導國際輿論和發揮國際影響力，并得到其他國家的認可和接受。2008年的國際金融危機雖然對西方發達國家的經濟模式產生了衝擊，但是長期以來，以美國為首的西方國家掌握著全球治理機制，主導著國際經濟規則的制定權和解釋權。由於缺乏國際話語權，發展中國家一直在全球經濟治理體系中處於弱勢地位。中國的「一帶一路」戰略，通過「亞投行」「絲路基金」「金磚國家新開發銀行」「G20杭州峰會」「『一帶一路'高峰論壇」等平臺，系統地詮釋了全球治理理念、製度設計、議題設定等問題上的中國創新，并在基礎設施互聯互通、國際產能合作、商貿活動、金融融資等領域的

具體實踐中，維護了發展中國家的合理地位和經濟訴求，提升了中國在全球經濟治理體系中的國際經濟話語權，為全球經濟體系朝著合理化方向發展提供了中國智慧和中國方案。

（1）國際經濟治理理念、議題設置

「一帶一路」戰略的提出，充分體現了具有中國特色的全球治理理念，為未來全球經濟治理提供了新的經驗，提升了中國以及發展中國家的國際話語權。自2013年以來，習近平在世界舞臺上陸續闡述一系列帶有中國特色的國際治理思想，備受世界媒體和學術界關注。

2013年9月和2014年11月，習近平先後在20國集團峰會上，提出「發展創新」「增長聯動」「利益融合」三大核心理念的國際治理思想。他指出，發展創新，是世界經濟可持續增長的要求。各國要提高經濟增長質量和效益，通過積極的結構改革增強經濟競爭力。增長聯動，是世界經濟強勁增長的要求。各國要樹立命運共同體意識，在競爭中合作，在合作中共贏。在追求本國利益時兼顧別國利益，在尋求自身發展時兼顧別國發展，讓每個國家的發展都能同其他國家的增長形成聯動效應。利益融合，是世界經濟平衡增長的需要。各國要建設利益共享的全球價值鏈，培育普惠各方的全球大市場，實現互利共贏的發展。①

2013年，習近平訪問俄羅斯，在莫斯科國際關係學院的演講中提到「命運共同體」概念。隨後，習近平在多個場合、多個演講、多次會見國外政府領導人的時候頻繁提到「命運共同體」，包括國與國的命運共同體、區域內命運共同體、人類命運

---

① 習近平出席G20峰會闡述對世界經濟主張：發展創新 增長聯動 利益融合 [N/OL]. 人民日報海外版, 2013-09-06. http://paper.people.com.cn/rmrbhwb/html/2013-09/06/content_ 1294931.htm.

共同體，系統闡述「命運共同體」的內涵。2015年9月，在聯合國成立70週年的一般性辯論中，習近平發表題為《攜手構建合作共贏新夥伴　同心打造人類命運共同體》的講話，將建立合作共贏新型國際關係與打造命運共同體緊密相連，提出了「五位一體」佈局思路和建設路徑。一是政治上要建立平等相待、互商互諒的夥伴關係，二是安全上要營造公道正義、共建共享的安全格局，三是經濟上要謀求開放創新、包容互惠的發展前景，四是文化上要促進和而不同、兼收并蓄的文明交流，五是環境上要構築尊崇自然、綠色發展的生態體系。①

2015年10月，習近平在英國議會發表演講，論述「利益共同體」等新理念，強調中、英兩個有異有同的國家，雙方應相互借鑑、彼此欣賞、求同存異、求同化異、取長補短。近年來，習近平還在多種國際國內場合用「利益共同體」來論述中國與其他國家和地區之間的關係。隨著「一帶一路」戰略的逐步推進，包含中國方略的全球治理理念和製度設計在國際社會引起高度關注。根據商務部消息，在沿線涉及的65個國家中，已經有50多個國家明確表示要和中國一起建立製度性的安排，共建「一帶一路」。據統計，2013年9月至2015年2月期間，海外媒體英語報導有關「一帶一路」的文章共2,500篇。② 截至2017年5月底，國家標準委已經與21個「一帶一路」沿線國家標準化機構簽署合作協議，在「一帶一路」沿線國家中占比32%。③

---

① 習近平英國演講「利益共同體」引領國際關係新時代［EB/OL］.人民網，2015-10-22. http：//opinion. people. com. cn/n/2015/1022/c1003-27728257. html.

② 「一帶一路」面臨的國際輿論環境［EB/OL］.人民網，2015-04-09. http：//world. people. com. cn/n/2015/0409/c1002-26820763. html.

③ 中國已與21個「一帶一路」沿線國家簽署標準化合作協議［N/OL］.中國日報，2017-05-11. http：//cn. chinadaily. com. cn/2017-05-11/content_29302519. htm.

2017年5月14~15日，「一帶一路」國際合作高峰論壇在北京召開，29國的元首和領導人、130個國家的代表、70多個國際組織的代表參會。

（2）全球貿易體系的國際話語權

通過「一帶一路」建設，中國應從三個方面大力提升自己在全球貿易體系中的話語權。

第一，中國應大力提升自己在大宗商品上的定價權。「一帶一路」沿線國家大多數是發展中國家，其典型特徵為資源豐富而基礎設施落後。中國作為第一大貿易國，則是需要進口大量原油、礦產品、原料等大宗商品，相反，鋼鐵、機械、玻璃、基建、造船等產業產能嚴重過剩。中國在與「一帶一路」沿線國家實現優勢互補的基礎上，建立中國主導下的大宗商品交易所、交割所以及大宗商品的定價規則體系，同時提升人民幣為定價貨幣，進一步推動人民幣國際化的進程，從而更大程度上影響大宗商品的國際定價權。

第二，積極推動自由貿易區協定是「一帶一路」倡議的重要組成部分之一。截至2017年5月底，中國已與22個國家和地區簽署并實施了自由貿易區協定。在「一帶一路」沿線國家中，東盟、新加坡、巴基斯坦等11個國家和地區與中國簽署了自由貿易區協定。東盟與中國的自由貿易區升級協定書於2016年7月實施，格魯吉亞與中國的自由貿易區協定於2017年5月簽署。近年來，中國一方面在國內建設以上海自由貿易區為代表的若干自由貿易區試驗園區，為進一步深化改革提供嘗試、總結經驗的場所；另一方面，中國正在積極推動區域全面合作夥伴關係協定（RECP），以及與以色列、馬爾代夫、斯里蘭卡等國的自由貿易談判，目的在於促進雙邊貿易，提升資源配備效率。「一帶一路」沿線國家眾多，國家之間差異較大，實現一個覆蓋所有沿線國家的大區域自由貿易區目前不太現實。但是中國可

以在小區域內構建起貿易和投資合作機制，然後吸引更多的國家加入，從而推廣大範圍的區域內經貿合作機制。

第三，中國應該極力推動在國際商務爭端中仲裁及解決方式的話語權。「一帶一路」沿線國家多數為發展中國家或者新興經濟體，法律製度發展極不均衡，在貿易爭端中仲裁及解決方式相差很大。隨著「一帶一路」建設的快速推進和不斷發展，相關貿易、投資、商務經濟糾紛不可避免也會增多。為了響應「一帶一路」建設的需要，中國正在努力構建「一帶一路」國際貿易與挑戰爭端的解決機制。在涉外經濟貿易中的糾紛案中，中國涉外經濟仲裁機構如中國國際經濟貿易仲裁委員會，開始成為處理國際糾紛年度受案量最高的仲裁機構之一。近年來，中國國際經濟貿易仲裁委員會香港仲裁中心，因為其特殊的地理位置和國際化程度，受到委託處理仲裁案件的中外企業的普遍信賴。總之，中國在「一帶一路」建設中，一方面可以大力推動中國仲裁機構的職業化和國際化，另一方面亦應該推動國際仲裁的中國化，在仲裁模式上爭取獲得更多的中國話語權。

（3）全球投資治理體系及金融服務的國際話語權

根據聯合國貿易與發展會議2017年6月7日發布的《2017年世界投資報告》，中國2016年對外投資飆升44%，達到1,830億美元，中國首次超過日本成為全球第二大對外投資國，僅次於美國。[1] 然而，在中國對外直接投資高速發展的同時，中國企業在海外面臨的各類投資風險也不斷增多。2016年，中國企業在「一帶一路」沿線國家直接投資145億美元。「一帶一路」沿線國家多為發展中國家或者新興經濟體，政治、經濟、法律、文化和宗教千差萬別，一些國家內部矛盾衝突較多。為了避免

---

[1] 中國對外投資飆升44%：中國成全球第二大投資大國 [EB/OL]. 財經中國，2017-06-08. http://www.caicn.com/n/8851.html.

中國企業的海外投資風險，有必要構建與「一帶一路」沿線國家之間的雙邊、多邊投資保護機制，提升中國在全球投資治理體系中的國際話語權，以維護中國投資者在沿線國家和地區的合法經濟利益。

第一，近年來，中國積極將「一帶一路」沿線及其他發展中國家訴求融入國際稅收新規則，提出了「修改數字經濟稅收規則」等 1,000 多項立場聲明和意見建議，已經與 54 個「一帶一路」沿線國家簽訂稅收協定。雙邊稅收協定為中國企業對外直接投資提供了有力的支持，為國際稅收新規則打下了「中國印記」。但中國與「一帶一路」沿線國家之間的雙邊稅收協定仍然存在不少問題，如部分雙邊稅收協定簽訂時間過早，有待更新，或者有些協定尚未得有充分利用，執法層面存在問題。隨著「一帶一路」建設的不斷推進，中國稅務部門將積極深化國際稅收合作，提升中國在國際稅收新規則中的話語權。

第二，「一帶一路」倡議以基礎設施建設為工作重心，將通過補充、完善和更新與沿線國家之間的雙邊、多邊投資協定，逐步建立中國企業海外投資風險防範體系。根據商務部的統計，截至 2016 年 6 月底，中國已與「一帶一路」沿線 11 個國家簽署自貿區協定，與沿線 56 個國家簽署了雙邊投資協定。在國際投資協定方面，「一帶一路」投資治理旨在提高沿線國家之間投資開發程度，促進放寬投資限制性措施，對投資者給予國民待遇和最惠國待遇；通過雙邊或多邊投資協定將資本輸出國、輸入國之間的權利與義務法定化；與相關國家建立程序化的對話機制，建立共同的投資風險防範體系。中國在雙邊、多邊投資協定的實踐中，可借鑑美國、歐盟在區域經濟一體化與投資治理中的豐富經驗，并加入中國全球經濟治理的理念，構建中國特色的「一帶一路」投資治理規則。

第三，在雙邊投資條約治理中，中國推行漸進式負面清單

投資准入管理，并在自由貿易區談判中納入准入前國民待遇及最惠國條款，努力形成高標準的經濟一體化區域。因為沿線國家之間的巨大差異，中國在與沿線國家簽訂雙邊投資協定或自由貿易區協定時，採取了靈活的投資准入談判。針對較為成熟的東盟自由貿易區各國，中國採納負面清單的外資談判模式；而針對相對開放程度較低的南亞、中亞、西非國家，中國採納傳統的正面清單開發模式，但在基礎設施建設所涉及的行業強調寬鬆的准入限制，要求放寬投資比例和當地要求，并努力推動與基礎設施投資有關的專門的雙邊及多邊的投資協定的達成。同時，同化技術標準、降低非關稅堡壘、構建知識產權規則、勞工標準、環境保護等規則，也是「一帶一路」建設的投資治理中的重要內容。①

第四，「一帶一路」建設將提升中國在國際金融治理中的話語權。資金融通是「一帶一路」戰略順利推行的重要支撐。根據亞洲開發銀行測算，未來10年內，建設總資金就需要8萬億美元，且年均需求在8,000億美元左右。同時，根據中國政府已經公開的信息，中國各地方「一帶一路」擬建、在建基礎設施規模已經達到1.04萬億元人民幣，跨國投資規模約524億美元。② 根據牛津經濟的統計和預測，2015年，亞太地區的基礎設施投資約為995億美元，中東地區的基礎設施投資約為845億美元，歐洲地區的基礎設施投資約為138億美元。到2025年，亞太地區的基礎設施投資需求將達到1,715億美元，年增長速度達到7%，中東地區的基礎設施需求則高達1,712億美元，平

---

① 陳偉光，等.「一帶一路」建設與中國全球經濟治理話語權[M].北京：人民出版社，2017：84-85.
② 「一帶一路」資金融通重在系統化[EB/OL].中國網：觀點中國，2015-05-22. http://opinion.china.com.cn/opinion_58_130358.html.

均每年以 10.3%的速度增長。① 亞投行的設立，為「一帶一路」建設打造了一個全面的重要融資平臺。亞投行致力於促進亞洲地區基礎設施和其他生產設施的發展建設。亞投行行長金立群近來表示，亞投行在為「一帶一路」國家提供資金時必須堅持三個標準：一是受資助項目在財務上必須是可持續的，二是項目必須是環境友好型的，三是項目必須得到當地人的認可。②

綜上所述，中國借助「一帶一路」建設提升國際經濟話語權是必然的。正如前文所述，經濟利益是各國追求的共同目標，也是各國實現合作的最大公約數。「一帶一路」建設的原初推動力就是經濟。中國與「一帶一路」沿線國家在基礎設施建設、貿易往來、投資及金融等方面的合作，不僅可獲得經濟層面的互惠互利，而且使中國在國際經濟治理、全球貿易體系、金融體系等領域產生越來越大的影響力。有了經濟基礎的影響力，中國才有可能在國際製度及價值觀念層面擁有更大的話語權。

---

① 陳偉光，等.「一帶一路」建設與中國全球經濟治理話語權［M］.北京：人民出版社，2017：185.
② 金立群：亞投行為「一帶一路」融資必須堅持三個標準［EB/OL］.界面新聞，2017-05-14. http：//www.jiemian.com/article/1319558.html.

# 第三章 「一帶一路」建設與中國製度話語權提升

製度話語權是國際話語權的重要方面，反應了行為體話語影響力在國際製度領域的基本狀態。由於製度具有穩定性、延續性等特徵，製度話語權比其他領域的話語權更加持久和有效。「一帶一路」建設不僅強調物質層面的互利合作、互聯互通，同時也體現為國際製度規則層面的全方位對接。中國通過與沿線國家加強戰略協調，不斷推動現有國際製度規則的繼承、整合與創新，為「一帶一路」沿線國家之間的合作乃至全球問題的治理提供了良好的製度保障。在這一過程中，中國逐漸從國際製度的融入者、學習者轉變為參與者、引領者。相應地，中國通過在全球治理中不斷提供各種製度性公共產品，顯著提升了自身在國際體系中的製度話語權。

## 第一節 從戰略高度認識提升中國製度話語權的重要性

自改革開放以來，中國通過融入現行國際體系，學習和遵守國際製度規則，獲得了難以估量的戰略好處。然而，隨著中國的不斷崛起，現有的國際製度規則對中國構成的約束不斷增

多，製度話語權事關中國在未來國際博弈中的地位和態勢。正因為如此，黨的十八屆五中全會通過的《中共中央關於制定國民經濟和社會發展第十三個五年規劃的建議》中，明確指出必須順應中國經濟深度融入世界經濟的趨勢，奉行互利共贏的開放戰略，發展更高層次的開放型經濟，積極參與全球經濟治理和公共產品供給，提高中國在全球經濟治理中的製度性話語權。在中國與世界深度相互依存的國際大背景下，中國提升製度性話語權對於全球問題的治理、世界的發展進步同樣具有重大的現實意義。

### 一、製度話語權對中國發展的戰略重要性

從中國自身的角度看，製度話語權的獲得對中國統籌內外發展、應對國際國內挑戰具有重要的戰略意義。簡言之，提升製度話語權能夠推動中國確立起與自身國家實力相稱的國際地位，能夠進一步優化中國發展的外部環境，能夠顯著提升中國的國際形象和軟實力。

第一，製度話語權的獲得有助於提升中國在國際體系中的實力地位。自新中國成立以來，中國對於國際製度的態度經歷了一個深刻的轉變過程。20 世紀 50 年代至 70 年代，以美國為首的西方國家對走社會主義道路的新中國採取敵視政策，企圖通過經濟封鎖、政治孤立和軍事威脅等逼迫中國就範。反過來，中國一直遊離在現行國際體系之外，將第二次世界大戰後建立起來的國際製度視為美國謀求霸權主義的工具。隨著尼克松訪華和中美關係的解凍，特別是在改革開放的積極推動下，中國逐步加入到現行國際體系之中，開始參加各種多邊的國際組織、製度和條約。在此基礎上，中國一方面在現行國際製度的框架內緩和了與世界主要國家的關係，為內部發展營造了良好的外部環境；另一方面也將國際組織的資金、技術和經驗為我所用，

推動了國家的發展與進步。不過，從20世紀70年代一直到21世紀初期，由於國家實力相對較弱，中國在現行國際製度中的表現相對被動，既沒有能力也沒有意願去主動設置議題、制定方案，很難通過爭取製度話語權來提升中國在國際體系中的實力地位。

2008年國際金融危機以來，特別是黨的十八大召開以後，中國在國際體系和全球治理中主動謀劃，奮發有為，不斷推動國際製度體系的變革調整和創新發展。不管是「金磚國家」新開發銀行和亞洲基礎設施投資銀行的建立，還是「一帶一路」倡議的提出，中國的戰略舉措有力地改變著全球治理格局，顯著提升了中國在國際體系中的實力地位。然而，我們必須要清醒地認識到，中國仍然是現行國際製度體系的後來者，其國際話語權不僅難以同西方大國抗衡，與自身世界第二大經濟體的地位也不相稱。只有通過推動國際製度規則的持續變革，不斷將自身的國家實力轉化為對國際事務的現實影響力，中國的製度話語權才能得到實質性的提升。正如習近平在主持中共中央第二十七次集體學習時強調的一樣：「加強全球治理、推進全球治理體制變革，不僅事關應對各種全球性挑戰，而且事關給國際秩序和國際體系定規則、定方向；不僅事關對發展制高點的爭奪，而且事關各國在國際秩序和國際體系長遠製度性安排中的地位和作用。」[1]

第二，製度話語權的獲得將大大優化中國發展的外部環境。在全球化深入發展的條件下，中國的發展離不開一個和平良好的國際環境，而國際製度在其中發揮著重要的作用。毫無疑問，

---

[1] 習近平在十八屆中共中央政治局第二十七次集體學習時強調 推動全球治理體制更加公正更加合理 為中國發展和世界和平創造有利條件 [N]. 人民日報，2015-10-14（1）.

西方國家是現行國際製度主要的構建者和受益者，它們享受著規則特權和話語優勢，并從中獲得了大量的財富資源和利益。然而，隨著新興國家的集體崛起，西方國家認為自己并非最大贏家，相反，以中國為代表的新興國家獲得了更大的利益份額。正因為如此，以美國為首的西方國家正在試圖重構國際製度規則來限制新興國家的發展，以進一步鞏固其在現有國際製度體系中的話語權。比如在國際經貿領域，「美歐一些大國試圖利用自身在價值鏈上的優勢來引領下一代貿易規則的制定，其路徑為通過超區域貿易談判制定新的規則，然後利用其市場佔有的優勢將區域規則上升為其他國家不得不接受的全球貿易規則，從而繞開以 WTO 為核心的多邊貿易規則制定平臺」①。

西方國家對國際製度的掌控和重塑不可避免地會對中國產生影響，這主要表現在以下幾個方面：其一，西方國家掌握著對「市場經濟」的定義權，公開違背自己的承諾，始終不願意承認中國的市場經濟地位，使中國在國際市場中長期受到不公平對待。其二，西方國家掌握著國際大宗商品和服務的定價權，極大地扭曲中國進出口商品的實際價格。中國即使已經是世界第一大貨物貿易國，但仍然沒有能力改變買漲賣跌的不合理局面。其三，西方國家掌握著現代技術和行業的標準制定權，以中國為代表的後發國家不得不遵守不公平、非對稱的國際標準，并為此支付高額的費用成本。以上這些規則特權放大了西方國家的競爭優勢，卻顯著惡化了中國的發展環境。從這個意義上講，只有提升中國在國際製度領域中的規則制定權和話語影響力，才能營造出內部發展所需的良好國際環境，使中國的國家利益得到有效的製度支撐和規則保障。

---

① 趙龍躍. 製度性權力：國際規則重構與中國策略 [M]. 北京：人民出版社，2016：11-12.

第三，製度話語權的獲得將改善中國的國際形象，提升國家軟實力。隨著國家實力的崛起，中國面臨的國際輿論環境也變得空前複雜。總體上，國際社會能夠客觀看待中國的發展與進步，樂於看到一個在國際體系中發揮更大作用的中國。然而，不可否認，不少國家特別是擁有國際主導地位的西方國家并不願意正視中國的崛起，它們利用其話語霸權不斷歪曲、抹黑中國，對中國的國際形象進行軟打擊，其典型的論調就是「中國威脅論」和「中國責任論」。「中國威脅論」極力將中國塑造成國際社會的一個異類，并刻意誇大中國對世界造成的負面影響。經濟上，「高速增長神話破滅」「中國將拖累世界經濟」等輿論不絕於耳。政治上，中國被描繪成一個政治專制和民族主義狂熱的國家。國際上，中國被渲染為一個不滿現狀，時刻想著推翻現有國際製度體系的造反者。如果說「中國威脅論」是試圖將中國形象妖魔化，那麼「中國責任論」則是希望將中國置於過度承擔責任的戰略陷阱之中。在這一論調看來，中國儼然已經成為下一個超級大國，應該承擔與其能力相匹配的國際責任。一旦中國不按照預期的那樣出錢出力，它們立馬就將中國刻畫為國際體系中「免費搭車者」的形象。

可見，隨著中國的快速崛起和影響力的拓展，國際社會對中國的認知正在經歷著劇烈而複雜的變化，進而勾勒出形形色色的「中國形象」。在全球化背景下，如果中國的刻板形象在部分國際社會公眾心目中繼續穩定和鞏固，將會制約中國與國際社會的進一步融合，而遊離於國際社會之外的國家是很難實現民族復興的。[1] 因此，面對國際社會出現的各種針對中國的奇談怪論，中國不能採取聽之任之、放任自流的態度，急需構建起

---

[1] 崔守軍. 中國國際傳播的邏輯困境與模式轉換 [J]. 國際展望，2010 (6).

在國際體系中的製度話語權，利用不斷增加的話語優勢對抗西方輿論對中國的片面解讀和歪曲解釋，準確地向世界傳遞中國的國家形象和政策意圖，營造一個積極友善的國際輿論環境。

## 二、中國提升製度話語權對世界的重要意義

從「中國夢」與「世界夢」相聯通的角度看，中國提升製度話語權對於世界的發展也具有重要意義，有助於建立更加公正合理的國際秩序，有助於緩解全球治理的赤字與失靈，有助於引領更加均衡、包容和普惠的新型全球化。

第一，中國提升製度話語權有助於建立更加公正合理的國際秩序。當前的國際製度是以美國為首的西方國家在第二次世界大戰結束之後創建并延續至今的。相較於歐洲傳統列強通過武力徵服和殖民戰爭來建立霸權，美國主要是通過掌握國際製度規則的控製權來實現對世界的領導。美國崛起為世界領導者的過程，始終伴隨著對國際製度規則的掌控。正是借助這一系列製度和規則特權，以美國為首的西方國家一方面能夠在國際市場上極力壓低基礎原料和工業品的價格，大大抬高自身產品和服務的利潤，從而使得國際財富資源持續不斷地從邊緣流向中心；另一方面則可以成功地將自身內部的矛盾、負擔和危機轉嫁給外部世界，造成後發展國家的治理困境以及世界體系的週期性動盪。從布雷頓森林體系的解體到20世紀90年代亞洲的金融動盪，再到2008年席捲全球的國際金融危機，這樣的例子可謂不勝枚舉。

隨著新興國家的集體崛起，當前的國際製度體系已經遠遠不能適應國際力量對比的嶄新變化，特別是不能有效地反應新興國家和發展中國家的利益訴求。長期以來，中國一直致力於推動國際格局多極化和國際關係的民主化，主張大小國家一律平等，各國都擁有平等參與國際事務的權利，應該共同參與國

際事務的決策與治理。正如習近平在慶祝中國共產黨成立95週年大會上的講話中指出的一樣：「什麼樣的國際秩序和全球治理體系對世界好、對世界各國人民好，要由各國人民商量，不能由一家說了算，不能由少數人說了算。」① 在政策實踐中，近年來，中國始終秉持「共商、共建、共享」的全球治理理念，與國際社會一道共同推動國際貨幣基金組織和世界銀行的投票權和份額改革，共同推動20國集團取代七國集團成為協調世界經濟事務的首要平臺，共同致力於將經濟增長和可持續發展置於國際議程的重要位置。這些主張和舉措顯著提升了新興市場國家和發展中國家的話語權，推動著國際秩序和全球治理體系朝著更加公正合理的方向發展。

第二，中國提升製度話語權有助於緩解全球治理的赤字和失靈。當前，世界并不太平。從和平角度看，儘管大規模的戰爭越來越少，但局部戰爭和地區衝突此起彼伏，朝核危機持續升級，中東和平進程舉步維艱，烏克蘭衝突硝煙未散，極端伊斯蘭國趁勢坐大，這些矛盾和衝突攪動著世界局勢。從發展角度看，全球化的非均衡發展導致了國際上嚴重的分配不公和正義缺失，以美國為首的西方國家利用對國際規則的控製汲取外部世界的財富資源，以維持內部超優越的生活方式，而廣大非西方國家，特別是非洲和世界最不發達國家的現代化努力頻頻遭受挫折，從而導致了富者愈富、窮者愈窮的失衡局面。除此之外，跨國犯罪、恐怖主義、網路安全、核擴散等大量全球化問題不斷增多，對國際秩序構成了重大衝擊。與全球治理需求上升形成反差的是，解決全球問題的體制、資源和能力嚴重不足。如前所述，西方國家長期掌握了國際規則的制定權和話語

---

① 習近平. 在慶祝中國共產黨成立95週年大會上的講話［N］.人民日報，2016-07-02（2）.

權,一度是國際公共產品的主要供給者。然而,近年來,西方國家通過公共產品供給解決全球問題的能力和意願嚴重下降。特朗普執政以來公開宣稱「美國優先」,意圖放棄世界責任,對全球治理問題興趣索然。歐洲面臨債務困境、難民湧入和恐怖襲擊等多重危機,在全球治理上同樣有心無力。全球治理供給與需求的失衡導致全球治理體制出現失靈,國際秩序的動盪和不確定性空前增加。

面對全球治理的巨大赤字,中國有責任通過參與全球治理來維持國際體系的穩定。事實上,中國也的確在用實際行動為推動全球問題的解決貢獻中國智慧。在全球經濟層面,中國一直是推動世界經濟增長的重要引擎,大力主張貿易自由和投資便利化,成為全球自由貿易的主要推動者。在可持續發展問題上,中國與國際社會共同努力通過了《2030年可持續發展議程》,并在力所能及的範圍內加大對非洲和最不發達國家的援助力度,彰顯了負責任的大國形象。在氣候變化問題上,中國努力兼顧自身利益與世界訴求,站在為人類子孫後代謀福祉的高度,積極參與國際磋商和談判,為《巴黎全球氣候變化協定》的達成做出了重要貢獻。在核不擴散領域,中國提出了以開放包容精神打造核安全命運共同體的重要倡議,充分展示了中國在全球核治理中的引領作用。不過,必須提出的是,中國仍然還是全球治理體系的後來者,既有的規則安排限制了中國作用的充分發揮。從未來視角看,只有持續改革全球治理體制,不斷拓展全球治理領域,努力創設新興治理平臺,中國的製度話語權才能得到進一步的提升,才能為解決全球治理失靈貢獻更多的方案和智慧。

第三,中國提升製度話語權有助於建立更為均衡、包容和普惠的新型全球化。「冷戰」結束以來,經濟全球化一路高歌猛進。一方面,信息技術的發達日益打破主權國家的邊界,促進

了資源、信息、知識和人口的自由流動,人類日益處在你中有我、我中有你的「地球村」之中;另一方面,大量的後發展國家推進內部改革和對外開放,逐漸融入全球政治經濟體系之中,成為全球分工和價值鏈條中的重要環節。經濟全球化的迅猛發展的確推動了世界經濟超長週期的增長,帶來了物質財富的極大增加。然而,經濟全球化也是一把「雙刃劍」,導致了全球範圍和國家內部貧富差距的急遽擴大,進而引發日益嚴重的政治和社會問題。全球層面,財富日益集中到發達國家手裡,廣大發展中國家普遍面臨著經濟落後和發展赤字的問題。國家內部,大型跨國企業和商業巨頭在全球範圍內配置資源,賺得盆滿鉢滿,而社會中下階層的生活境況卻日益艱難,相對被剝奪感十分強烈。正因為如此,民粹主義在世界範圍內不斷抬頭,英國脫歐、特朗普執政、國際貿易保護主義的上升更是表明逆全球化浪潮已在全球範圍強勢登場。更重要的是,「各國政客為了獲得選票不得不遷就草根政治中的反全球化傾向,政府為了維護國內統治基礎,也不得不在全球化、區域一體化的軌道上後退,甚至換軌、脫軌」[1]。

然而,我們必須認識到經濟全球化是不以人的意志為轉移的歷史客觀趨勢,強行阻止全球化既不現實也不是解決問題的出路。當前世界出現的亂局與失衡,其根源不在於全球化本身,而是舊有的全球化模式出了問題。正如習近平在達沃斯論壇的演講中指出的一樣:「經濟全球化確實帶來了新問題,但我們不能就此把經濟全球化一棍子打死,而是要適應和引導好經濟全球化,消解經濟全球化的負面影響,讓它更好地惠及每個國家、

---

[1] 黃仁偉. 2016年美國大選與世界政治變化新趨勢 [J]. 當代世界,2016(12).

每個民族。」① 正是基於這樣的戰略判斷，中國希望能夠解決舊全球化模式中不公正、不協調和不可持續的問題，推動全球化朝著更為均衡、包容和普惠的方向發展。儘管這樣的理性呼聲得到不少國家的認同，但如果不通過製度化的方式加以確認，進而轉化為國際社會有關全球化的新共識，那麼再好的方案也難以真正落地，產生實際效果。從這個意義上講，中國提升製度話語權有助於緩解不斷發酵的逆全球化潮流，引領新一輪的全球化。

## 第二節　製度話語權視角下的「一帶一路」建設

近年來，為提升在國際體系中的製度性話語權，中國積極參與全球治理和公共產品供給，引起了國際社會的積極回應和強烈反響，其中最為宏大的戰略舉措即是「一帶一路」倡議的提出。共建「一帶一路」旨在促進經濟要素有序自由流動、資源高效配置和市場深度融合，推動沿線各國實現經濟政策協商，開展更大範圍、更高水平、更深層次的區域合作，共同打造開放、包容、均衡、普惠的區域經濟合作架構。② 從這個意義上講，「一帶一路」是中國向世界提供的一項重要公共產品，是推動區域和全球治理的宏大頂層設計，對於提升中國在國際體系中的製度話語權影響深遠。

---

① 習近平. 共擔時代責任 共促全球發展——在世界經濟論壇2017年年會開幕式上的主旨演講 [N]. 人民日報, 2017-01-18 (3).
② 國家發改委, 外交部, 商務部. 推動共建絲綢之路經濟帶和21世紀海上絲綢之路的願景與行動 [M]. 北京: 人民出版社, 2015.

## 一、國際公共產品供給與「一帶一路」倡議的提出

伴隨著全球化的不斷深入以及信息技術的持續擴散，恐怖主義、氣候變化、跨國犯罪、金融危機、公共疾病等全球性問題不斷增多，嚴重威脅到了主權國家和國際社會的安全和發展。治理全球問題迫切需要跨越國界的國際協調，特別是增加國際公共產品供給。「一帶一路」正是中國積極提供國際公共產品、維護世界和平發展、促進區域合作繁榮的重要戰略舉措。

### (一) 國際公共產品的概念、特徵與分類

公共產品是經濟學中的一個重要概念。公共產品是相對於私人產品而言的，是指一國政府為全體社會成員提供的、滿足全體社會成員公共需求的產品與勞務。最初，公共產品理論僅限於一國範圍內，該理論認為政府有責任提供包括國防、外交、治安等公共產品以及道路、橋樑、路標、燈塔等社會基礎設施，以滿足社會經濟的發展需求，引導社會資源的優化配置。[①] 公共產品具有兩個重要的特徵，即非排他性、非競爭性。所謂「非排他性」，是指一旦這種產品提供出來，不可能排除任何人對它的消費，即使有人想獨占，也會由於或者在技術上不可行，或者技術上雖可行但成本過高，因而不值得這樣做；所謂「非競爭性」，是指一旦這種產品提供出來，沒有必要排除任何人對它的消費，因為消費者的增加并不會引起邊際成本的任何增加。[②]

到20世紀60年代，學者們逐漸將公共產品研究的範圍拓展至國際關係層面。奧爾森（Mancur Olson）最早使用「國際公共產品」這一術語，并由此研究了國際合作中的激勵問題。金德

---

[①] 樊勇明. 區域性國際公共產品——解析區域合作的另一個理論視點[J]. 世界經濟與政治，2008 (1).

[②] 楊海燕. 區域公共產品的供給困境與合作機制探析——基於合作博弈模式的分析[J]. 復旦國際關係評論，2015 (1).

爾伯格（Charles P. Kindleberger）從1929—1939年的經濟大蕭條中得出結論，認為國際經濟和貨幣體系的穩定需要一個強有力的領導國家，它可以為世界提供一套可供遵循的準則，為該體系承擔超過應有份額的負擔。他提出的額外負擔就是公共產品，包括接受該體系的過剩商品，維持投資資本的流量和將它的商業票據貼現等。① 更完整的概念界定來自考爾（Inge Kaul）、桑德勒（Todd Sandler）等人。他們認為國際公共產品是指成本和收益超越一國範圍，在某些情況下甚至超越世代的公共產品。它包含三個條件：成本分擔和受益對象主要以國家或國家集團劃分；受益空間超越一國界限乃至覆蓋全球；受益時間包括當代和後代，或者至少是在不損害後代需要的基礎上滿足當代人的需要。②

我們可以根據不同的標準對國際公共產品進行分類。比如，按照領域劃分，國際公共產品涉及經濟、金融、安全、人權、環保、基礎設施、公共衛生等。按照範圍劃分，國際公共產品包括全球層面的公共產品和區域層面的公共產品，後者是指只服務於本地區、只適用於本地區，其成本又是由區域內國家共同承擔的安排、機制或製度。③ 按照生產階段的不同，國際公共產品可以劃分為最終國際公共產品和中間國際公共產品，前者比如和平、安全等，後者比如國際製度、國際組織等。按照產品消費的排他性和競爭性差異，國際公共產品還可以劃分為全

---

① CHARLES P KINDLEBERGER. The World in Depression, 1929-1939 [J]. Los Angels: University of California Press, 1973.

② 吳志成，李金潼. 國際公共產品供給的中國視角與實踐 [J]. 政治學研究，2014（5）.

③ 樊勇明. 區域性國際公共產品——解析區域合作的另一個理論視點 [J]. 世界經濟與政治，2008（1）.

球純公共產品、俱樂部產品、非純粹公共產品和私人產品。[1] 除此之外，我們還可以將國際公共產品分為物質性公共產品、製度性公共產品和觀念性公共產品。物質性公共產品是指公共產品的實質性內容，製度性公共產品是為保障公共產品順利產出而必須依靠的一系列體制、機制或製度，觀念性公共產品則強調的是引導國際社會提供公共產品的思想、觀念或主義。

(二) 國際公共產品供給困境與「一帶一路」倡議的提出

如前所述，伴隨著全球化的深入發展，國際社會出現了大量跨越國界的公共問題，進而對國際公共產品產生了強烈需求。在國內社會，公共產品的供給主體是政府，它通過提供一系列旨在維持社會生存和發展所必需的公共產品以維持政治合法性。然而，國際社會并不存在一個世界政府，那麼到底應該由誰來扮演國際公共產品的供給者呢？理論上講，主權國家、國際組織、跨國企業、公民社會團體等都可以是國際公共產品供給的主體。不過，由於公共產品的非競爭性和非排他性的特點，國際行為體并不願意主動承擔提供公共產品的費用，而讓他人坐享其成，這勢必導致國際公共產品供給的集體行動困境。更重要的是，作為公共產品供給者的行為體往往實力地位不一，對全球問題重要性和威脅程度的判斷也存在差異，因而必然會對公共產品供給的數量、領域、方式等問題產生分歧。比如要提供哪些國際公共產品，用多少資源來生產公共產品，不同行為體在公共產品生產過程中承擔何種責任，收益分配的機制如何等，這些問題都關係到國際公共產品能否提供及其供應的水平和效率。[2] 從現實情況看，「冷戰」結束之後，特別是2008年國

---

[1] 李增剛. 全球公共產品：定義、分類及其供給 [J]. 經濟評論, 2006 (1).

[2] 吳志成, 李金潼. 國際公共產品供給的中國視角與實踐 [J]. 政治學研究, 2014 (5).

際金融危機以來，國際公共產品供給的困境進一步加劇，這主要表現在以下幾個方面：

第一，美國角色的變化。霸權穩定論者認為提供國際公共產品的往往是具有超強實力和極高威望的霸權國家。它們為了獲得國際社會的認同與服從，願意為維持國際體系的正常運轉貢獻力量，并容忍國際社會成員「免費搭車」的行為。正如吉爾平（Robert Gilpin）所論述的一樣，霸權國家通過為國際社會提供穩定的國際金融體制、開放的貿易體制、可靠的安全體制和有效的國際援助體系等國際公共產品，來獲得其他國家對霸權國建立的國際秩序的認同，從而實現體系內的穩定和繁榮。① 然而，現實情況是，作為當前國際社會中唯一的超級大國，美國在國際公共產品供給中的角色正在悄然變化：其一，從全球性到國家性。特朗普上臺之後立即退出《跨太平洋夥伴關係協定》，退出《巴黎全球氣候變化協定》，對多邊國際組織充滿敵意，這都說明美國從「全球之美國」向「美國之美國」轉變的傾向。其二，從公共品到私人品。第二次世界大戰結束後，美國之所以締造聯合國、構建布雷頓森林體系，主要原因是其可以通過這一套國際製度規則獲得世界的財富資源和權力效忠。「冷戰」結束後，美國成為世界唯一超級大國。在缺少外部世界有效制衡的情況下，美國利用國際公共產品為自己謀利的情況更加嚴重。美國角色的變化導致其提供國際公共產品的意願嚴重下降，其維護自由、開放的國際經濟體系，在地區衝突和國際危機中扮演調解者角色以及為緩解全球氣候變化而承擔減排義務的意願都在降低。②

---

① 樊勇明. 區域性國際公共產品——解析區域合作的另一個理論視點[J]. 世界經濟與政治，2008（1）.

② 劉豐. 美國霸權與全球治理——美國在全球治理中的角色及其困境[J]. 南開學報（哲學社會科學版），2012（3）.

第二，大國對抗的加劇。由於美國實力地位的相對下降，國際社會特別是大國之間更應該加強合作，以彌補國際公共產品供給的赤字。然而，國際關係的現實卻是近年來大國地緣政治對抗的明顯上升。面對烏克蘭政治危機及其背後的西方勢力干預，俄羅斯強勢出擊，不僅「奪走」克里米亞，而且支持烏克蘭東部的民間武裝。反過來，西方國家將俄國開除出八國集團，并在能源、金融等領域對俄進行全面制裁。隨著俄羅斯對敘利亞內戰的介入，美、俄博弈的舞臺從歐洲延伸至中東地區。特朗普上臺之後試圖緩和同俄羅斯的緊張關係，但美國國內圍繞著「通俄門」不斷發酵的政府調查和新聞輿論使得美俄關係的改善困難重重。在亞太方向，隨著兩國力量差距的縮小，中、美在南海航行自由、薩德導彈部署、網路安全等問題上針鋒相對，兩國關係進入戰略臨界點的輿論不絕於耳。在特朗普執政百日之內，中、美就實現了兩國元首的會晤，為新時期中美關係的發展注入了強勁動力。然而，特朗普個性偏好的不確定性、新政府亞太政策重要官員的缺位以及第三方問題的干擾都使得未來的中美關係充滿了變數。除此之外，特朗普上臺後與其盟友的關係持續緊張，中、日之間長期存在結構性矛盾。凡此種種都增加了大國在國際公共產品供給上進行合作的難度。

第三，中小國家普遍的「搭便車」心理。奧爾森在《集體行動的邏輯》一書中論述了公共產品屬性與「搭便車」理論，其中心論點是：公共物品一旦存在，每個社會成員不管是否對這一物品的產生做出過貢獻，都能享受這一物品所帶來的好處。公共物品的這一特性決定了，當一群理性的人聚在一起想為獲取某一公共物品而奮鬥時，其中的每一個人都可能想讓別人去

為達到該目標而努力，而自己則坐享其成。① 相較於國際體系中的大國，中小國家的「搭便車」心理往往會更加強烈。這是因為中小國家實力有限，沒有能力提供全球範圍的大規模公共產品。即使能夠提供一小部分，也會由於貢獻較少而得不到國際社會的積極認可。而且，由於在國際社會中所處地位相對比較邊緣，中小國家不提供公共產品的行為也不會像大國那樣遭到國際社會的道德批判。此外，中小國家數量眾多，協調相互之間的利益進而開展集體行動的成本較高，困難也會增加。這些因素都助長了它們「搭便車」的心理，進一步加劇了國際公共產品供給的困境。

　　由於國際公共產品供給的困境，全球問題遲遲得不到有效解決，全球治理面臨重大赤字，國際秩序出現紊亂和失調，威脅著人類的和平、安全和可持續發展。「一帶一路」倡議的提出正是著眼於當前國際公共產品供給的困境提出的全球治理新方案。需要指出的是，重建絲綢之路的想法并非中國首創。早在中國之前，美國、印度、伊朗、土耳其等國都曾提出過類似的設想。然而，這些設想要麼停留在紙面沒有付諸實踐，要麼缺乏系統規劃而進展甚微。那麼，為什麼中國提出「一帶一路」倡議就能夠在短時期內取得重大進展，進而得到沿線國家和國際社會的強烈響應呢？

　　首先，中國的國家實力與技術水平上升。伴隨著改革開放30多年的經濟增長和實力累積，中國已經成為世界第二大經濟體、全球第一大貿易國和國際第一大外匯儲備國。儘管中國仍然面臨諸多治理難題，但總體上經濟結構轉型與產業升級順利，重大科學技術創新屢屢獲得突破，軍事現代化水平穩步推進，

---

① 趙鼎新. 集體行動、搭便車理論與形式社會學方法 [J]. 社會學研究, 2006 (1)：2.

國際地位和全球影響空前提高，不斷從大國向強國的行列邁進。具體到推進「一帶一路」建議，中國具有兩個世界上其他國家難以比擬的技術性條件。其一是強大的工業製造能力，能夠為「一帶一路」沿線國家乃至全球層面的工業化發展提供強勁動力；其二是規模龐大的外匯儲備，能夠為「一帶一路」建設尤其是重大和長週期的工程項目提供資金支持。正如有的學者指出的一樣，給定現行國際貨幣體系背景，擁有數量充裕甚至根據某種優化標準而言規模偏大的外匯儲備資產，客觀上對推進「一帶一路」經濟外交戰略發揮著重要的支持作用。[①]

其次，中國國際身分的變遷。過去30多年，中國的發展、變化和成就離不開對外開放的戰略抉擇，離不開對現行國際體系的融入和擁抱。基於此，中國努力尋求中國自身利益與世界共同利益之間的平衡，希望在實現中國崛起的同時為國際社會做出應有的貢獻。這樣的觀念認知導致中國國際身分的重要變遷，即從國際體系的「革命者」轉變為「建設者」和「引領者」，中國越來越願意與國際社會分享中國發展的紅利，歡迎周邊國家搭乘自身發展的便車。「一帶一路」正是中國通過提供國際公共產品構建負責任大國形象的重要嘗試。

再次，中國對外戰略的調整。面對全球化帶來的人類普遍相互依存的現實，中國一直呼籲超越零和博弈思維，超越新老國家必有一戰的宿命邏輯，倡導建立合作共贏的新型國際關係。

---

[①] 外匯儲備資產對「一帶一路」建設的作用主要表現在兩個方面：一是在當今發達國家爭先恐後地實施超寬鬆貨幣政策累積金融風險的形勢下，大規模外匯儲備有助於應對外部金融形勢動盪可能帶來的衝擊，保證「一帶一路」戰略實施及相應投融資計劃實施具有內生穩定性。二是在區域內貨幣仍未普遍國際使用的前提下，美元仍承擔國際結算和支付手段職能。在有關工程項目需要在區域外國家配套採購的場合，美元提供的國際支付流動性更是不可缺少。盧鋒，李昕，李雙雙，等. 為什麼是中國？——「一帶一路」的經濟邏輯[J]. 國際經濟評論，2015（3）.

正如中國外長王毅指出的一樣，「單打獨鬥維護不了自身安全，以鄰為壑、結盟對抗更沒有出路，同舟共濟、共迎挑戰是各國處理相互關係的唯一正確選擇」，「構建以合作共贏為核心的新型國際關係思想，站在世界和平與發展的戰略高度審視國際關係，倡導以對話取代對立、以合作取代對抗，主張各國通過不斷擴大互利合作，有效應對日益增多的全球性挑戰，協商解決關乎世界發展和人類進步的重大問題」。① 這一戰略思路不僅有助於緩解當前國際關係中的大國對抗，而且有助於在國際公共產品的供給構建方面形成國際共識。

最後，中國治國理政經驗的國際啟示。改革開放以來，中國一直堅持以經濟發展為中心，堅持基礎設施建設先行，堅持開放與改革的統籌協調。這些治國理政經驗對於「一帶一路」沿線國家乃至所有發展中國家都具有重要借鑑意義，契合了它們的發展痛點和迫切需求，這對於調動其參與「一帶一路」的積極性至關重要。王義桅教授指出：「『一帶一路'鮮明體現在傳播改革開放經驗、工業化經驗、脫貧致富經驗，減少沿線國家學習成本，鼓勵它們走符合自身國情的發展道路，甚至實現彎道超車和跨越式發展。」②

正是基於以上要素，中國能夠成為「一帶一路」倡議的有力發起者和推動者。通過中國在國際層面的動員和引領，越來越多的國家參與到「一帶一路」建設中來，并將其打造為推進全球和區域治理的嶄新平臺，對克服當前國際公共產品供給的困境意義深遠。

---

① 王毅.構建以合作共贏為核心的新型國際關係——對「21世紀國際關係向何處去」的中國答案［N］.學習時報，2016-06-20.
② 王義桅.再造中國與再造世界——中國與世界關係的「一帶一路」邏輯［EB/OL］.上觀網，2017-06-17. http: //www. shobserver. com/news/detail? id =52938.

## 二、「一帶一路」的製度內涵及其實踐

作為新型的國際公共產品,「一帶一路」從物質、製度和理念層面為推進世界經濟增長、改善全球治理和推動全球化轉型提供了強大動力。在物質層面,「一帶一路」通過構建道路、航空、海運、油氣管道、電線電纜、通信網路等綜合性立體交通網路,實現歐亞大陸的互聯互通。在製度層面,「一帶一路」通過發展戰略對接、制定規則標準、打造新興平臺等方式為區域內外國家和經濟體之間的全方位合作提供有力的機制保障。在理念層面,中國提倡「共商、共建、共享」的治理理念,主張不同文明之間和平共處、互學互鑒,成為「一帶一路」建設的重要精神引領。物質、製度和理念三個層面的互動,構成了「一帶一路」建設的系統規劃和完整藍圖,而製度在其中發揮著不可或缺的連接作用。這是因為理念必須植根於製度之中才能長久發揮作用,而物質層面的互聯互通也必須通過製度建設才能加以規範和保障。從這個意義上講,「一帶一路」具有鮮明的製度內涵。製度構建是「一帶一路」建設的重要組成部分。

(一)「一帶一路」的製度內涵

從製度主義視角看,「一帶一路」本質上是中國面向沿線國家乃至全球提供的一項製度性公共產品,關鍵是通過構建互利合作機制、打造多元合作平臺、創新區域合作模式,為區域合作和全球治理提供強有力的製度保障。

相對於現有的國際和地區合作機制,「一帶一路」具有以下重要的製度特徵:

第一,規則的平等性。「一帶一路」倡議由中國率先提出,但并非中國獨自支撐和推動,也不意味著中國將在建設過程中追求完全主導。所有主權國家、國際組織都是平等的參與主體,中國歡迎國際社會成員積極參與、共同制定國際規則,一起謀

劃人類發展的大事業。

第二，製度的包容性。「一帶一路」沿線國家自然禀賦不同、經濟發展水平不一，在政治體制、民族構成、宗教信仰、語言風俗等方面更是千差萬別。如果每個國家都固守自己傳統、遵循完全自利邏輯，那麼國際合作將無從談起。「一帶一路」在製度建設中堅持包容性的基本原則，既尊重各自的獨特性，又尋求彼此之間的共識，打造最廣泛的利益共同體。

第三，製度參與的多主體性。「一帶一路」規則宏偉、投入巨大、惠及後世，堪稱百年工程，這就需要盡可能地調動各參與主體的積極性。中央政府旨在加強戰略引領，地區政府開展各領域的務實合作，企業是經濟合作的主體，社會團體的重心在於加強社會交往和人文聯繫。此外，媒體、學校、智庫等也是「一帶一路」建設不可或缺的重要主體。

第四，製度架構的多層次性。「一帶一路」涉及基建、經貿、金融、科技、人文等多個層面，在製度安排上既要考慮不同領域的實際情況，又要加強資源整合，實現協同推進。

第五，合作模式的開放性。「一帶一路」提倡開放的地區主義，不搞小圈子和排他性安排，合作對象不限於沿線國家，世界其他地區的國家和國際組織都可以自願加入，共謀發展大計、共享發展成果。

第六，目標導向的均衡性。當前全球化最大的問題就在其非均衡性，這種非均衡性既體現在發達國家的絕對主導，也表現為海洋而不是陸路的全球化。「一帶一路」旨在通過製度創新推動以發展中國家為主體，以復興歐亞大陸為目標的新型全球化，有助於實現財富資源和發展機會的均等化。

「一帶一路」建設的製度目標在於實現沿線國家和區域內外的製度整合，使得國際製度更加精準、高效和中性。所謂製度的精準，是指製度設計要充分考慮不同領域、不同對象的實際

情況，建立起具體的、差別化的合作機制。所謂製度的高效，就是要實現各種國際規則的有效對接，提升規則的質量和效率，消除區域合作的製度障礙和規則壁壘，進而降低「一帶一路」建設的各種製度成本。所謂製度的中性，是指讓製度帶來的效益能夠更加平衡地惠及各方，讓利益的蛋糕在沿線國家和國際社會能夠得到更加公正合理的分配，讓廣大民眾能夠從「一帶一路」建設中有更多的參與感、幸福感和獲得感。只有實現製度的精準、高效和中性，「一帶一路」建設才能紮實和可持續地推進，才能推動區域經濟的一體化進程，才能實現世界各國的共同繁榮和整體進步。

(二)「一帶一路」的製度實踐

「一帶一路」倡議提出近四年以來，中國與有關國家、地區和國際組織積極進行製度層面的溝通協調，使得「一帶一路」合作更加機制化，大大降低了經貿合作的交易成本，推動合作成果更好地惠及沿線國家和人民。

第一，加強高層的戰略規劃。截至 2017 年 4 月底，中國同 40 多個國家和國際組織簽署了合作協議，同 30 多個國家開展了機制化產能合作，為「一帶一路」建設提供了明確的路線圖和時間表。基於優勢互補、互利共贏的基本原則，中國積極同有關國家協調政策，進行經濟發展規劃的深度對接，包括俄羅斯提出的歐亞經濟聯盟、東盟提出的互聯互通總體規劃、哈薩克斯坦提出的「光明之路」、土耳其提出的「中間走廊」、蒙古提出的「發展之路」、越南提出的「兩廊一圈」、英國提出的「英格蘭北方經濟中心」、波蘭提出的「琥珀之路」等。中國同老撾、柬埔寨、緬甸、匈牙利等國的規劃對接工作也已全面

展開。①

　　在「一帶一路」國際合作高峰論壇舉行期間，中國政府與有關國家的戰略對接進一步提速，與包括蒙古、巴基斯坦、尼泊爾、克羅地亞、黑山、波黑、阿爾巴尼亞、東帝汶、新加坡、緬甸、馬來西亞等國簽署了政府間的合作諒解備忘錄，與聯合國開發計劃署、聯合國工業發展組織、聯合國人類住區規劃署、聯合國兒童基金會、聯合國人口基金、聯合國貿易與發展會議、世界衛生組織、世界知識產權組織、國際刑警組織等國際組織簽署了「一帶一路」合作文件。除此之外，中國政府有關部門與有關國際組織也簽署了「一帶一路」合作文件，包括聯合國歐洲經濟委員會、世界經濟論壇、國際道路運輸聯盟、國際貿易中心、國際電信聯盟、國際民航組織、聯合國文明聯盟、國際發展法律組織、世界氣象組織、國際海事組織。② 這一系列政府層面的政策溝通與戰略規劃明確了「一帶一路」建設的重要議題和優先方向，為中國與有關國家、國際組織在具體領域的合作提供了重要的政策和機制保障。

　　第二，充分利用現有合作機制。中國發起「一帶一路」倡議不是要另起爐竈，而是要依託現有的各種雙邊和多邊機制發展同沿線國家、國際組織的互利合作關係。在雙邊層面，中國同有關各方通過建立和完善不同層面的聯合工作機制，為「一帶一路」建設的實施制定規劃、確立方案，推動合作項目的具體落實，尤其是要通過多層次、多渠道的戰略溝通加強在基礎設施、產能、經貿、投資、金融、海關等領域的務實合作。在多邊層面，「一帶一路」沿線存在大量的區域合作機制，它們對

---

①　習近平. 攜手推進「一帶一路」建設——在「一帶一路」國際合作高峰論壇開幕式上的演講［N］. 人民日報，2017-05-15（3）.

②　「一帶一路」國際合作高峰論壇成果清單［N］. 人民日報，2017-05-16（5）.

於推動地區的經濟合作、政治互動和社會融合發揮了重要的和建設性的作用。「一帶一路」建設要充分利用上海合作組織、中國—東盟「10+1」、亞太經合組織、亞歐會議、亞洲合作對話機制、亞信會議、中阿合作論壇、中國—海合會戰略對話、大湄公河次區域經濟合作、中亞區域經濟合作等現有多邊合作機制的作用，努力挖掘中國與有關各方的利益匯合點、最大公約數，合力推進「一帶一路」建設取得實質性進展。

第三，積極打造新興合作平臺。「一帶一路」建設的順利推進離不開巨額資金的投入。據估算，到 2020 年，亞洲地區僅基礎設施一項就面臨超過 8 萬億美元的資金缺口。現有的國際多邊金融機構既沒有足夠的資金儲備，也不願意投資週期長、風險高、見效慢的基礎設施建設。面對這一現實難題，中國積極倡導建立新興的國際金融平臺，一方面可以讓自己龐大的外匯儲備得到更加富有戰略性的運用，另一方面也可以為「一帶一路」建設尤其是基礎設施、產能合作等領域提供國際融資。「金磚國家」新開發銀行、亞洲基礎設施投資銀行和絲路基金就是中國為滿足「一帶一路」沿線國家和發展中國家的迫切需求搭建的新興金融平臺，是中國為世界提供的重要製度性公共產品。

需要指出的是，經過幾年的醞釀和籌劃，三大金融平臺都已開始進入實質性投資階段。2016 年 4 月，「金磚國家」新開發銀行宣布了首批總額為 8.11 億美元的貸款，為「金磚國家」可再生能源項目提供支持。「金磚國家」新開發銀行行長卡馬特透露，2017 年銀行將批准 15 個貸款項目，貸款規模預計將達到 25 億～30 億美元，這些項目將重點投資綠色可再生能源、交通基礎設施建設、水資源供應，等等。亞洲基礎設施投資銀行（簡稱亞投行）於 2016 年正式開始營業，同年 6 月正式批准了該行首批 4 個項目，涉及孟加拉、印度尼西亞、巴基斯坦和塔吉克斯坦的能源、交通和城市發展領域，貸款總額共計 5.09 億美

元。同年9月29日，亞投行又批准了總額為3.2億美元的兩個項目，分別是巴基斯坦水電站項目和緬甸發電廠項目。2017年1月，亞投行又累計發放17.3億美元的貸款，用於支持七個「一帶一路」沿線國家的九個基礎設施項目。絲路基金是中國為推進「一帶一路」建設專門設立的中長期開發投資機構。從2015年開始，絲路基金也開始啓動對外投資，在基礎設施建設、產能合作、資源開發等領域取得了豐碩成果。這些金融機構以務實的態度、新的治理規則和標準，更多地關注發展中國家的發展和金融需求；用實際行動參與全球金融治理，推動國際貨幣體系改革，增加國際金融領域的國際公共物品供給。[①] 除此之外，中國財政部還準備聯合多邊開發銀行設立多邊開發融資合作中心，中國人民銀行將與國際貨幣基金組織合作建立基金組織——中國能力建設中心，中國銀行業協會正在籌建旨在深化金融合作、共同應對風險和處置重大危機的「亞洲金融合作協會」。所有這些新興平臺的建立都是中國引領國際經濟、金融規則變革的重大舉措，為「一帶一路」建設的順利推進提供了強有力的製度保障。

　　第四，全力推動規則的對接整合。如前所述，「一帶一路」沿線國家國情各異、發展水平不一、各種製度和規則複雜繁多。在這種情況下，如果每個國家都堅守自己的規則體系，那麼相互之間的合作就會面臨許多規則的壁壘和障礙。正因為如此，中國積極推進不同國家、不同區域之間製度銜接和規則對接，盡可能減少因為標準差異而帶來的合作成本，推動區域一體化進程不斷向前推進。在這一過程中，貿易和投資規則的對接至關重要。目前，中國正在積極加強與有關國家在自由貿易、相

---

[①] 鄭東超，張權.「一帶一路」為世界提供四大公共產品 [J]. 當代世界，2017（5）.

互投資、市場准入、海關監管等方面的規則對接，不斷改善經濟合作所必需的外部環境，不斷提升「一帶一路」沿線地區的貿易自由化和投資便利化水平。在「一帶一路」國際合作高峰論壇期間，中國政府同「一帶一路」沿線30個國家的政府簽署了經貿合作協議，旨在消除投資和貿易壁壘，釋放合作潛力，建立起不同層次、不同類型的自由貿易安排。在推進規則對接的同時，中國也正積極倡導不同製度之間的整合和統一。只有實現政策、規則和標準三位一體的整合，「一帶一路」有關各方之間的互聯互通和互利合作才具有堅實的機制保障能力。因此，我們看到中國財政部與相關國家財政部共同核准了《「一帶一路」融資指導原則》，中國商務部與60多個國家的相關部門及國際組織共同發布了推進「一帶一路」貿易暢通的合作倡議，中國國家質量監督檢驗檢疫總局與十多個國家的有關部門簽署了《關於加強標準合作，助推「一帶一路」建設聯合倡議》，等等。[1]

## 第三節 「一帶一路」建設與提升中國製度話語權的戰略思考

回顧過去30多年的歷史，中國在國際體系中的角色有個不斷嬗變的過程。改革開放早期，中國是名副其實的世界工廠，主要向世界提供物廉價美的產品。2008年國際金融危機之後，面對國際金融市場的持續動盪，中國從國際大局出發繼續購買美國國債，并向國際貨幣基金組織註資，為維護世界經濟和金

---

[1] 「一帶一路」國際合作高峰論壇成果清單[N].人民日報，2017-05-16(5).

融市場的穩定發揮了不可或缺的作用，這也意味著中國開始扮演國際資金重要提供者的角色。近年來，中國倡議「一帶一路」建設，建立「金磚國家」新開發銀行和亞洲基礎設施投資銀行，推動20國集團從危機應對向長效治理機制轉型，這些表明中國對世界的貢獻從產品、資金上升為全球治理的思想和方案。從這一歷史進程中，我們不難發現，中國的國際身分和角色在不停轉換，其製度話語權也實現了穩步提升。尤其是「一帶一路」建設通過加強戰略對接和機制合作對於中國製度性話語權的提升可謂影響深遠。

## 一、「一帶一路」建設提升了中國的製度話語權

「一帶一路」建設既契合了沿線國家尋求發展、實現繁榮的迫切願望，也順應了國際合作和全球治理的時代潮流。正因為如此，「一帶一路」自提出以來，受到了國際社會的熱烈響應和普遍歡迎。過去四年以來，中國一直保持同有關各方的真誠溝通，積極搭建機制平臺，不斷深化互利合作，不僅為歐亞大陸乃至全球經濟發展帶來了新面貌，同時也顯著提升了中國在國際體系中的製度話語權。

第一，「一帶一路」建設為實現全球互聯互通提供了中國標準。長期以來，中國在國際標準領域處在受制於人的地位，在各個領域不得不遵守西方國家業已建立的標準。然而，這些標準具有強烈的非中性色彩，西方國家因此獲得了大量非競爭性優勢。「一帶一路」建設旨在實現沿線國家之間的互聯互通，前提是推動各個領域的標準對接。如果標準不統一，大家各自為政，那麼沿線國家之間的互利合作就會面臨很多人為的障礙，不利於資源要素的自由流動，不利於充分調動有關各方的參與積極性。反過來，標準的對接與統一可以有效降低交易成本，減少不必要的壁壘和障礙，實現各個領域的互聯互通。當然，

沿線國家在推動標準對接的過程中，必然會涉及誰的標準占主導的問題。中國無意尋求「一帶一路」建設過程中的絕對主導權，但鑒於中國的綜合實力、技術水平和協調能力，「一帶一路」各個領域的建設理應以中國的標準為主，同時充分吸收沿線國家既有標準的合理因素，共同推動建立適應「一帶一路」發展實際的新興標準體系。

比如，在基礎設施領域，「一帶一路」沿線國家基礎設施水平參差不齊，網路規模明顯不足、結構不合理、線路技術等級低、設施設備老化嚴重、營運管理水平低下，使得大通道通行能力不足；而且，由於各國鐵路、公路等技術標準和運行規範不一，再加上雙邊或多邊跨境、過境運輸規則或缺失、或繁雜、或執行不力，導致通道運行效率偏低，「設施雖聯、通行不暢」現象較為突出。[1] 面對這一現狀，中國一方面按照自身標準幫助沿線國家修建鐵路、公路、橋樑、隧道等重要設施，另一方面積極利用現有的雙多邊平臺加強與有關各方的製度協調，實現「一帶一路」沿線國家在基礎設施領域的標準統一，使得中國在基礎設施領域的標準話語權有所提升。再比如，在對外貿易和投資領域，「一帶一路」建設面臨著各種標準和規則競爭有餘、整合不足、排他性明顯、開放水平低下等問題。中國通過加快雙（多）邊的自由貿易區談判，同時與相關各方共同推出對外投資指導原則，大大提升了中國在國際貿易和投資領域的製度話語權。

第二，「一帶一路」建設為世界的合作共贏提供了中國理念。從理論上講，只有他國在價值和情感層面認同其理念主張，一國才能真正獲得和長久維持其在國際體系中的製度話語權。

---

[1] 汪鳴.「一帶一路」交通互聯互通與標準化 [J]. 質量與標準化，2017 (1).

有別於西方國家主張的「國強必霸」邏輯和「贏者通吃」思維，中國一直主張建立合作共贏的新型國際關係，弘揚「共商共建共享」的全球治理理念。中國意識到在全球化和信息技術的推動下，人類正處在你中有我、我中有你的命運共同體之中。在此背景下，過去那種一家獨大、霸道壟斷國際事務的行動註定行不通，那種將自己的安全建立在別人不安全基礎上的邏輯日益不可持續，那種通過以鄰為壑政策轉嫁風險的做法最終只能損人害己。正因為如此，中國主張建立合作共贏的新型國際關係，在維護自身利益的同時兼顧各方利益，在謀求自身發展的同時促進共同發展，致力於實現雙贏、多贏、共贏。① 中國深知沒有一個國家能夠獨自解決跨越國界的全球問題，必須依靠國際社會「共商共建共享」。所謂共商就是集思廣益，世界上的事情由各國政府和人民共同商量來辦，不能搞「一言堂」，不能由一家說了算。所謂共建就是充分調動各方的積極性和能動性，各施所長，各盡所能，通力合作來應對全球挑戰。所謂共享就是要讓全球治理的成果惠及世界各國，特別是要讓全球治理成果反應發展中國家的意願和利益。「共商、共建和共享是加強全球治理、推進全球治理體系與治理能力現代化不可或缺的系統鏈條，三者共同構成了中國參與全球治理理念的有機體系。」②

在「一帶一路」的建設過程中，中國積極踐行新型國際關係的理念，始終秉持「共商共建共享」的治理理念，開創了適應時代要求和地區發展的新型合作模式。具體而言，中國在推進「一帶一路」建設的過程中充分尊重沿線國家的自主性，在不干涉其國家內政的基礎上開展互利合作。中國一直強調沿線

---

① 王毅. 構建以合作共贏為核心的新型國際關係——對「21世紀國際關係向何處去」的中國答案 [N]. 學習時報，2016-06-20 (1).

② 張宇燕. 全球治理的中國視角 [J]. 世界經濟與政治，2016 (9).

國家都是平等參與者，大家要集思廣益，各施所長，各盡所能，共同為「一帶一路」建設貢獻自己的智慧和力量。中國始終主張中國的對外開放不是要一家唱獨角戲，而是要歡迎各方共同參與；不是要謀求勢力範圍而是要支持各國共同發展；不是要營造自己的後花園，而是要建設各國共享的百花園。這些理念不僅符合聯合國憲章的精神，也反應了世界各國特別是廣大發展中國家的利益訴求，得到了國際社會的普遍認同。① 2016年11月17日，「一帶一路」倡議被首次寫入第71屆聯合國大會的決議。2017年3月16日，聯合國安理會通過第2344號決議，首次載入構建「人類命運共同體」的重要理念。這些都表明中國正在通過「一帶一路」建設將自身的主張轉化為世界性的價值理念，進一步提升和鞏固了中國在國際體系中的製度話語權。

第三，「一帶一路」建設為破解國際發展難題提供了中國方案。當前，世界并不太平。經濟方面，世界經濟發展動力不足，貿易和投資增長乏力，各種保護主義、本土主義和逆全球化思潮層出不窮；政治方面，霸權主義和強權政治并沒有消失，新干涉主義有所加強，發展中國家的主權完整時常遭到破壞，國際財富和資源的分配嚴重不均衡；安全方面，傳統安全與非傳統安全相互交織，大國之間的地緣對抗和戰略競爭明顯升溫，氣候變化、恐怖主義、核擴散以及全球公共衛生等全球性問題不斷出現，導致國際和地區安全形勢撲朔迷離；文明方面，不同文明之間的猜疑和對抗遠遠沒有消失，尤其是西方文明與伊斯蘭文明之間的衝突持續發酵，進一步加劇了國際社會的動盪和失序。

面對如此複雜的國際社會，中國通過「一帶一路」建設提

---

① 習近平. 中國發展新起點 全球增長新藍圖——在二十國集團工商峰會開幕式上的主旨演講 [N]. 人民日報，2016-09-04 (3).

出了破解國際發展難題的有效方案。首先,「一帶一路」為世界經濟增長提供了新動力。「一帶一路」強調經濟發展優先,基礎設施先行,積極推動自由貿易和對外投資協定的談判,努力實現各種資源和生產要素的優化配置,為推動世界經濟增長提供了巨大的潛能。其次,「一帶一路」使得全球化向著更加普惠均衡的方向發展。以西方國家為主導的全球化在利益分配上嚴重不平衡,偏向海洋國家和發達國家,而廣大地處內陸的發展中國家卻長期得不到發展,一直處在國際體系的邊緣位置。「一帶一路」橫貫歐亞大陸,通過互聯互通網路將內陸與海洋連接起來,實現內陸地區和沿海國家的聯動發展,有助於更多發展中國家分享經濟全球化的紅利,進而實現國際財富資源更加公正合理的分配。再次,「一帶一路」推動新型國際關係的建設。正如習近平在「一帶一路」國際合作高峰論壇演講中指出的一樣,「中國願在和平共處五項原則基礎上,發展同所有『一帶一路'建設參與國的友好合作。中國願同世界各國分享發展經驗,但不會干涉他國內政,不會輸出社會製度和發展模式,更不會強加於人。我們推進『一帶一路'建設不會重複地緣博弈的老套路,而將開創合作共贏的新模式;不會形成破壞穩定的小集團,而將建設和諧共存的大家庭」①。最後,「一帶一路」促進了文明之間的互學互鑒。「一帶一路」建設秉持絲綢之路的精神,努力超越不同文明之間的隔閡與誤解,倡導文明之間的相互尊重、彼此學習、和平共處,共同推動人類文明的整體進步。可以說,「一帶一路」是中國為破解當前國際難題提出的建設性方案,有力地提升了中國在國際體系中的製度話語權。

當然,中國的標準、理念、方案,都必須依託有效的國際

---

① 習近平. 攜手推進「一帶一路」建設——在「一帶一路」國際合作高峰論壇開幕式上的演講 [N]. 人民日報, 2017-05-15 (3).

製度平臺才能真正發揮作用。如前所述,「一帶一路」在國際製度建設方面進展迅速,既充分利用現有的雙(多)邊機制加強頂層設計和戰略溝通,又創設機制平臺以滿足新興需求、應對新型挑戰。與此同時,中國非常重視「一帶一路」建設與既有國際機制(如聯合國、國際貨幣基金組織、世界銀行等)之間的對接與合作,共同推進「一帶一路」取得新的更大成績。總之,「一帶一路」倡議提出四年以來,中國借助一系列國際製度和規則框架努力推動中國標準、理念和方案的國際化,在完善全球和區域治理的同時也大大提升了中國的製度話語權。

## 二、「一帶一路」建設與提升中國製度話語權所面臨的現實挑戰

儘管「一帶一路」建設顯著提升了中國的製度話語權,但從中長期看,中國製度話語權建設仍然面臨諸多現實挑戰。這些挑戰既關係到「一帶一路」建設的未來發展,同時也影響著中國在國際製度話語權競爭中的位置。能否有效應對這些挑戰,將考驗中國的戰略能力和政治智慧,是觀察中國能否成為真正意義上的全球性大國的重要指標。具體而言,在「一帶一路」建設過程中,中國提升製度話語權將面臨如下挑戰:

第一,美國的製度性反制。中國領導人在重大國際場合多次提出,「一帶一路」建設不是推倒重來,不是另起爐竈,而是對現有國際秩序的修正和完善,本質上是希望實現中國與世界和平共處、合作共贏。然而,作為現有國際秩序的領導者,美國一直對中國的崛起反應過度,將「一帶一路」視為對其領導地位的重大威脅。基於此,近年來,美國除了利用釣魚島、南海問題和朝鮮半島危機在地緣政治上對中國施壓以外,還一直通過鞏固和重構國際經貿規則以鞏固其優勢地位,避免中國通過「一帶一路」掌控國際經濟規則的制定權。對此,美國前總統奧巴馬直言不諱:「作為美國總統,我的首要考慮是確保更多

勤勞的美國人民能有機會獲得成功。這就是為什麼我們要確保美國而不是像中國這樣的國家來書寫本世紀的世界經濟規則。」①

在國際貿易領域，美國自第二次世界大戰結束以來一直是全球多邊自由貿易的支持者和推動者。然而，伴隨著中國、印度等新興國家的崛起，美國徹底調整了之前所堅持的支持全球多邊自由貿易談判的戰略方向，試圖拋開 WTO，通過加快推動區域和雙邊層面的自貿區談判，來建立一套全新的高水平的國際貿易製度體制，來服務於美國的貿易利益需要，同時保障美國資本的投資安全和投資准入。② 反應在政策層面，美國大力推動《跨太平洋夥伴關係協議》（Trans-Pacific Partnership Agreement, TPP）和《跨大西洋貿易與投資夥伴協議》（Transatlantic Trade and Investment Partnership, TTIP）的談判，以引領新時期更加全面和高標準的投資和貿易規則。特別是在亞太方向，TPP 談判成為美國亞太再平衡戰略的重要抓手。美國在談判中將中國排除在外，著力構建以其為主導的排他性的地區經濟安排，對中國推進「一帶一路」建設產生了不可忽視的負面影響。儘管特朗普上臺以後迅速廢除了 TPP，但這并不代表美國不支持區域自由貿易協定談判，更不代表美國不再將國際貿易規則作為謀取現實利益的手段。作為商人出身、對利益高度敏感的總統，特朗普只是希望各級各類的自由貿易協定談判要體現「美國優先」原則，能夠更好地服務於美國的國家利益。從這個意義上講，隨著執政議程的推進，特朗普領導下的美國不排除重啟亞太區域的自由貿易協定談判，并同中國重新開展國際和區

---

① President Obama: Writing the Rules for 21$^{st}$ Century Trade [EB/OL]. The White House, February 18, 2015. https://obamawhitehouse.archives.gov/blog/2015/02/18/president-obama-writing-rules-21st-century-trade.

② 李巍. 製度之戰：戰略競爭時代的中美關係 [M]. 北京：社會科學文獻出版社，2017: 134.

域貿易領域的製度競爭。

　　在國際金融領域，美國將金融主導權視為其霸權構成的核心支柱，對國際社會成員金融國際化的努力始終保持著高度警惕。作為「一帶一路」建設的重要內容和戰略支撐，亞投行自籌建之日起就引起了美國方面的強烈反彈。美國官員多次公開批評中國發起成立亞投行旨在削弱美國的金融領導地位。在他們看來，亞投行是對現有國際金融秩序的重大挑戰，是中國謀求地緣政治影響的金融工具。除了言詞上的指責外，美國還極力對其盟友施壓，要求它們不准在沒有得到美國同意的前提下自行加入亞投行。不過，令人大跌眼鏡的是，在美國的反對聲中，西方國家中一向是美國鐵杆盟友的英國率先高調宣布加入亞投行。在其帶動下，法國、德國、義大利、澳大利亞、加拿大等西方大國也相繼加入，七國集團中只剩美國和日本沒有加入。截至2017年6月20日，亞投行的成員國總數已經擴大到80個。可以說，美國抵制亞投行的外交努力遭遇了重大挫敗。但是，儘管如此，美國在國際金融領域對「一帶一路」的製度性反制遠遠沒有結束。可以預見，隨著亞投行、「金磚國家」新開發銀行、絲路基金等一系列金融平臺的進一步成長，美國將採取更大力度、更多樣化的手段來狙擊中國，以維護以美元霸權為核心的現行國際金融秩序。

　　第二，中國的國家能力仍有不足。從歷史經驗看，一國在國際體系中的製度話語權是以其超強的綜合國力為基礎的。伴隨著30多年的快速發展，中國已經成為世界第二大經濟體，日益步入國際舞臺的中心和全球治理的前沿。然而，總體而言，中國仍然還是一個發展中國家，「大而不強」的力量格局并沒有得到根本改觀，這從根本上制約了中國在國際體系中的地位和作用。

　　就提升製度話語權而言，中國國家能力的短板表現為如下

方面：其一，理念供給能力。黨的十八大以來，中國在對外政策和全球治理領域提出了一系列新思想、新倡議和新論斷，這些理念在國際社會引起了熱烈討論，并獲得了越來越多的認同。然而，總體而言，中國仍然是國際理念供給的後來者，需要提出更具普遍性和吸引力的國際理念，進而引起世界各國廣泛的價值共鳴。其二，實力轉化能力。實力增長并不意味著國際影響力的自動提升，還需要恰當的戰略操作。當前中國面臨的一大困境就是國家實力與全球影響之間存在明顯的時滯性，其中的關鍵就在於如何將不斷增長的實力轉化為對國際社會成員的實際影響。其三，政治動員能力。一國的發展離不開國際國內成員的配合和支持，能否在某一國際議題上獲得足夠多的政治支持是衡量一國製度性話語權的重要指標。從內部層面看，中國參與「一帶一路」建設的主體以政府、企業為主，大量的社會性力量并沒有被充分調動起來，尤其是媒體、智庫和社會組織的積極性尚待進一步挖掘。對外層面，由於堅持「不結盟」的對外戰略方針，政治製度和價值選擇的差異性以及「廣交友、不樹敵」的外交思維定勢，中國在國際議程設置和政策方案供給上往往難以獲得足夠多的政治支持，尤其是當中國的利益受到侵害時能夠挺身而出的國家屈指可數。從這個意義上講，中國在國際動員方面的能力建設亟待加強。其四，風險防範能力。「一帶一路」建設充滿著各種各樣的風險，比如沿線國家的政治和社會動盪、法律的脆弱與缺失、恐怖主義頻發、大國地緣戰略博弈等。對中國而言，如何通過製度設計準確評估和有效化解這些風險將是不得不面對的重大考驗。其五，理論研究和人才培養。一國製度話語權的獲得與自身的研究水平和人才素養密切相關。當前，中國的理論研究和人才培養已經明顯落後於外交實踐，「一帶一路」建設缺乏強有力的理論和人才支撐，這在相當程度上制約了中國國際影響力的發揮。伴隨著「一帶一

路」建設的深入推進，如何加強相關的基礎理論研究，同時培養具有國際視野和中國關懷的高水平人才，事關中國國家能力建設成敗。

第三，「一帶一路」合作機制存在的問題。「一帶一路」沿線國家由於在基本國情、發展水平和利益需求等方面存在較大差異，很難建立統一性的合作機制來實現相互之間的互聯互通。如前所述，中國一直在積極倡導沿線國家之間加強戰略對接和規則統一，為「一帶一路」合作提供強有力的機制保障。然而，客觀來看，「一帶一路」的合作機制仍然具有相當程度的鬆散性和非正式性。這樣的製度安排，好處在於可以確保各方的主權自主，以及在合作領域和方式上的靈活多樣，但也帶來了新的問題。其一，政策協調的難度。由於缺乏權威性的溝通平臺，「一帶一路」沿線國家都以自身的國家利益作為政策出發點，很難構建起超越個體和雙邊層面的廣泛政治共識。其二，合作機制的重疊問題。在「一帶一路」建設的合作框架下，不同區域和國家之間建立起了相應的合作機制，這些機制在關注領域和政治功能上相互重疊。在沒有統一規範的情況下，會不可避免地造成資源浪費和效率低下的問題。其三，政策執行的效果。不管是雙邊還是多邊層面，「一帶一路」建設達成了很多原則性的協議。然而，由於沒有具備約束力的監督和懲戒機制，很多政策的執行效果并不理想。除此之外，「一帶一路」建設還涉及國際和區域合作機制之間的對接問題。從國際層面看，國際貨幣基金組織、世界銀行、二十國集團等機制與「一帶一路」建設之間的關係并沒有得到厘清。從區域層面看，「一帶一路」也沒有明確如何同亞洲開發銀行、上海合作組織、亞太經合組織、亞歐會議、中亞區域經濟合作等現有地區多邊機制之間開展合作。由此，我們必須清醒地意識到「一帶一路」建設還缺乏強有力的製度保障，其合作形式的鬆散性和政策執行的低效率將

制約「一帶一路」的長遠發展，同時也影響著中國提升製度話語權的進程。

第四，國際社會的猜疑和誤讀。自「一帶一路」倡議提出以來，國際社會對中國的戰略意圖和「一帶一路」本身進行了廣泛討論，其中不乏客觀理性者，但仍然存在大量的歪曲和誤讀，主要表現為以下三種論調：其一，「一帶一路」是中國謀取政治影響的經濟工具。不少西方言論將中國提出的「一帶一路」類比為「冷戰」期間美國提出的「馬歇爾計劃」。當時，出於對抗蘇聯和社會主義陣營的需要，美國通過「馬歇爾計劃」援助歐洲，進而將其納入美國推行「冷戰」戰略的政策軌道之中。在這些人看來，中國提出「一帶一路」，其實質在於通過對外經濟援助加強對「一帶一路」沿線國家的政治控制，以最大限度地拓展中國在歐亞大陸乃至全球層面的政治影響。其二，「一帶一路」是中國對抗美國亞太再平衡的地緣戰略。自奧巴馬執政以來，美國在全球層面收縮戰線，將力量集中部署至亞太地區，大力實施旨在遏制中國的亞太再平衡戰略。美國通過區域經貿規則談判、調整亞太軍事戰略部署以及推進同盟體系的升級換代等手段，對中國施加全方位的地緣壓力。基於此，不少國際人士將「一帶一路」解讀成中國為反制美國而進行的地緣戰略調整，以進一步拓展中國的外交迴旋空間。其三，「一帶一路」是中國輸出內部過剩產能的政策工具。近年來，中國經濟從超高速增長轉向以中速增長和產業結構調整為特點的經濟新常態，導致其在短期內面臨產能過剩和工人失業的問題。基於此，不少國際輿論推斷中國推進「一帶一路」旨在為國內低端的製造業產品尋求出路，是將「一帶一路」沿線國家當成中國的原料供應所和商品輸出地，是典型的「新殖民主義」。

以上論調一定程度上代表了國際社會對「一帶一路」的認知，其中既有作為國際秩序主導者的西方國家的焦慮，也有

「一帶一路」沿線國家的擔憂。然而，這些論調是對中國政治意圖的錯誤解讀，其背後有著深刻的政治偏見和戰略目的，是「中國威脅論」的延續。如果任由這些論調蔓延、發酵，中國在推進「一帶一路」建設過程中將面臨極為不利的國際輿論環境，從而損害和削弱中國的製度話語權。

總之，從中國的視角看，「一帶一路」建設還面臨很多重大現實挑戰，中國通過「一帶一路」提升製度話語權仍然任重道遠。

### 三、「一帶一路」建設與提升中國製度話語權的對策

針對以上挑戰，加強「一帶一路」的製度化建設，進而提升中國的製度話語權已經成為當前和未來一段時期中國外交的重大課題。前面我們曾提出製度供給、議題設置、政治動員、話語解釋與傳播是一國提升製度話語權的基本路徑。本部分將著重從這四個方面探討如何提升中國在國際體系中的製度話語權。

第一，進一步增加「一帶一路」框架下的製度供給。任何一項國際製度要想維持長久的生命力，就必須實現其代表性和有效性之間的平衡。所謂代表性，是指一項國際製度能夠反應國際社會多數成員的利益偏好，得到盡可能廣泛的擁護和認可。所謂有效性，是指一項國際製度能夠提供及時和高質量的公共服務，以解決國際社會共同面對的治理難題。前者體現民主原則，要求國際社會成員的權利和利益能夠在國際製度中得到相對公平的分配。後者強調效率原則，要求國際製度可以克服集體行動困境，順利推進特定領域的治理進程。從製度安排的視角看，「一帶一路」具有廣泛的代表性，其提出的互聯互通和共同發展反應了沿線國家的利益訴求，甚至引起了世界其他地區和國家的積極響應。不過，由於「一帶一路」的合作形式相對

鬆散，其治理的有效性還存在一定的問題。展望未來，中國必須在「一帶一路」的框架下加強基礎設施、能源合作、貿易合作、金融合作、人文合作等諸多領域內不同機制之間的對接與整合，以此提升製度的權威性和執行力。與此同時，中國需要根據「一帶一路」建設的新形勢、新任務和新特點，創設新的有針對性的製度安排，為「一帶一路」建設的不斷推進提供必要的機制保障。

第二，進一步優化「一帶一路」建設中的合作議題。正如習近平在「一帶一路」國際合作高峰論壇上指出的一樣：「我們正處在一個挑戰頻發的世界。世界經濟增長需要新動力，發展需要更加普惠平衡，貧富差距鴻溝有待彌合。地區熱點持續動盪，恐怖主義蔓延肆虐。和平赤字、發展赤字、治理赤字，是擺在全人類面前的嚴峻挑戰。」[①] 從這個意義上講，「一帶一路」建設必須著眼於克服這三大赤字，讓世界迴歸安寧、實現發展、穩定有序，讓沿線國家和廣大民眾能夠擁有更多的發展機會和獲得感。基於這樣的考慮，中國自「一帶一路」倡議提出以來就強調實現中國與沿線國家的互聯互通，緊緊圍繞政策溝通、設施聯通、貿易暢通、資金融通、民心相通五大領域展開合作。2016年6月，習近平在烏茲別克斯坦最高會議立法院上的主旨演講中進一步提出，我們要攜手打造「綠色絲綢之路」「健康絲綢之路」「智力絲綢之路」「和平絲綢之路」，這使得「一帶一路」的合作議題有了進一步的深化。從未來角度看，中國需要根據國際和地區的客觀形勢，順應沿線國家和人民的普遍需求，進一步挖掘合作領域和議題，堅持全面鋪開和重點建設相結合，營造多元互動、百花齊放的良好局面。

---

① 習近平.攜手推進「一帶一路」建設——在「一帶一路」國際合作高峰論壇開幕式上的演講［N］.人民日報，2017-05-15（3）.

第三，進一步加強「一帶一路」建設的國際動員。自 2013 年以來，全球 100 多個國家和國際組織積極支持和參與「一帶一路」建設，聯合國大會、聯合國安理會也將「一帶一路」建設內容寫入其決議之中。「一帶一路」建設逐漸從理念轉化為行動，從願景轉變為現實，建設成果豐碩。儘管如此，我們必須清醒地意識到，「一帶一路」建設體系宏大、領域眾多、規模空前，其順利推進還需要得到更多行為體的響應和支持，這有賴於中國持續提高自身的國際動員能力。近年來，中國在重大國際場合積極提倡人類社會要樹立利益共同體、責任共同體和命運共同體的主張。具體到「一帶一路」建設中，中國需要不斷深化與「一帶一路」沿線國家之間的利益融合，明確各行為體的權利、義務和責任劃分，加強相互之間的政治認同和價值共鳴。只有這樣，我們才能構建起廣泛的國際共同體，為「一帶一路」建設注入強勁而不竭的動力。

第四，進一步加強對「一帶一路」的話語解釋與輿論宣傳。有鑒於國際社會對「一帶一路」存在的誤解和偏見，中國必須加強對國際輿論的宣傳引導，講好「一帶一路」建設中的中國故事，為實現中國與沿線國家乃至世界各國的互利共贏營造良好的輿論環境。2016 年 8 月，習近平在出席推進「一帶一路」建設工作座談會上就加強輿論宣傳提出了具體要求。他指出，要積極宣傳「一帶一路」建設的實實在在成果，加強「一帶一路」建設學術研究、理論支撐、話語體系建設。[1] 具體而言，中國需要在話語主體、話語內容和話語傳播三個層面推進「一帶一路」的話語解釋與輿論宣傳。在話語主體上，我們要打造對

---

[1] 習近平在推進「一帶一路」建設工作座談會上強調總結經驗堅定信心紮實推進 讓「一帶一路」建設造福沿線各國人民 [N]. 人民日報，2016-08-18 (1).

外宣傳的多元主體。在公共外交時代，塑造和傳播國家形象不再是政府的專利，我們要充分調動政黨、媒體、企業、高校、智庫、社會組織、華人華僑等主體的積極性，通過他們向國際社會傳遞中國追求和平、合作、開放、共贏的國際形象的理念。在話語內容上，我們既要大方地說出中國推進「一帶一路」自身考慮的一面，又要展現出中外互惠互利、共建共享的另一面；既要講高政治層面的戰略規劃，也要講低政治領域的真誠友誼；既要介紹「一帶一路」建設取得的重要成就，又要客觀呈現其存在的真實問題。與此同時，我們的話語內容要少一些宏大敘事，多一點溫情，通過鮮活的小故事講述「一帶一路」的大道理。在話語傳播上，中國一方面要圍繞「一帶一路」倡議的實施，建構「一帶一路」理論闡釋體系，以增強該戰略的邏輯性和說服力[1]；另一方面要善於利用國際主流的話語傳播平臺，通過各種國際性的論壇、機制、會議來宣揚中國主張，傳遞中國聲音。

總之，隨著國際體系的變革調整，國際製度對一國在國際體系中構建話語權和影響力日益重要。在國際製度領域，中國是一個後來者，經歷了從融入學習、被動接受再到主動建構的過程。「一帶一路」建設是中國向世界提供的一項重要的製度性公共產品。中國通過與沿線國家、國際組織之間的溝通協調實現了「一帶一路」在製度層面的互聯互通，對提升中國在國際體系中的製度話語權影響深遠。

---

[1] 王秋彬，崔庭赫．關於加強「一帶一路」國際話語權構建的思考[J]．公共外交季刊，2015（4）．

# 第四章 「一帶一路」建設與國際文化話語權提升

　　國際話語權作為複雜、多元的複合構成，既包括經濟、製度的物質性內容，也體現在文化這一精神性領域中。作為「將強未強」的新興國家，中國的國家話語權問題也突出表現為其在國際事務中文化話語權的不足。尤其是對於一個物質準備相對充分但精神成就仍不盡如人意的國家而言，中國面臨的國際文化話語權困境值得格外關注。

　　從國家成長維度看，「一帶一路」有著鮮明的國家利益邏輯，它將中國綜合性國家成長內嵌於地區一體化與地區發展進程中，既帶有改革開放以來中國國際戰略的基本思路，也體現了今天全球治理對新興國家的發展推力。從文化角度看，「一帶一路」這樣一個綜合性一體化戰略框架也有著強烈的文化意蘊，這不僅體現在其對絲綢之路和海上絲路航線的文明繼承，還體現在其對今日文化的世界發展方向的殷切期望和所存在問題的深切擔憂。從這些關切點入手，我們將進一步討論「一帶一路」對當今中國國際文化話語權的影響。

## 第一節　國際文化格局與中國文化話語權現狀

文化的世界同經濟的世界、政治的世界同樣重要，它在精神維度構成了人們生活的環境與內容，文化對國家的行為影響往往也更加深沉、長久、複雜。正如前文所述，文化（觀念）層面的話語權較經濟話語權、製度話語權而言是更高層次的話語權，體現為話語方式的價值和意義建構。若討論當前中國國際文化話語權，首先要瞭解中國所處的文化環境及自身在這個文化體系中所處的地位。

### 一、當今國際文化格局

「格局」指的是在一個社會體系內，若干中心力量相互聯繫、相互作用而形成的一種相對穩定的力量對比結構。以此類推，所謂國際文化格局，是指在世界文化總體框架內，主要文化力量相互聯繫、相互作用而形成的相對穩定的力量對比結構。從現實生活看，西方文化、中華文化、伊斯蘭文化、俄羅斯文化、印度文化、佛教文化等主要文化力量構成了今日國際文化格局的主要單元。

在今天的世界文化格局中，儘管人們能清晰地看到它的多元結構，但不可否認的是，西方文化在國際文化格局中佔有明顯的優勢地位。由於在國際政治舞臺當中，文化作為國家的軟權力資源，與國家的經濟優勢、政治地位密不可分，因此，西方世界通過數百年的中心地位優勢，直接或間接、自覺或不自覺地在不同領域內強化了西方文化的話語權優勢。

那麼西方文化話語權是如何建立并形成對其他文化的相對優勢的呢？我們可以從世界歷史中的幾個時間節點探討西方文

化話語權建立的過程。第一個節點大致是 15~16 世紀的文藝復興、宗教改革和地理大發現時期，西方文化完成了初步「祛昧」，實現了自我文化的現代化與文化繁榮，并借助航海優勢將語言、宗教、生活方式等文化內容傳播到大量非西方地區。第二個節點是工業革命時期，機器大工業帶動了西方對非西方物質層面根本的競爭優勢，進而將硬實力基礎逐步轉化為西方的軟權力優勢。加之此時西方主導的全球化開始固化，西方政治法律理念、行為慣例、文化產品乃至生活情調等文化內容向廣大非西方地區滲透。第三個時間節點是二戰結束之後，大量原殖民地地區儘管在政治上擺脫了西方的控製，但由於西方主導的新興傳媒手段增多、「冷戰」意識形態鬥爭、全球化進一步深入等因素，西方文化話語更巧妙、精致、潛移默化地形成對世界文化格局的主導，人們在價值思維、大眾審美、新聞傳媒、文化產業等領域隨處可感受到西方文化的主導話語權。

那麼，西方文化話語權都包括哪些內容呢？我們可以從以下幾個方面予以解析：

（1）西方價值觀從根本上塑造了當今世界主流價值體系與意識形態，西方民主、人權、自由等價值理念在戰後尤其是「冷戰」結束後成為對公共事件、特定民族或其他價值進行善惡、好壞評判的標準。

（2）西方語言話語權，尤其是英語語言話語權也直接構成了西方文化話語權的內容。英語的優勢地位由英、美兩個英語國家連續 200 年世界霸權造就，其話語權力優勢不僅體現在使用人口眾多、適用範圍廣大以及國際通行度高，還體現在英語用詞、表達及語言思維對非英語地區社會文化潛移默化的改變。就目前來看，英語在不少非西方國家的教育體系、評判指標或大眾文化等領域占據了關鍵位置，這無疑造成了這些社會對英語的強大依賴。還要看到，不少非英語民族在現代化進程中由

於深度接觸了英美文化，其民族語言或多或少受到英語的改造，日語中的片假名、漢語中的音譯詞、歐陸語言中大量英文照搬詞彙，均能體現英語在世界語言格局中的強大話語權。

（3）大眾文藝包括電影、電視、音樂、舞臺劇、繪畫、雕塑等不同形式，它們給社會提供巨大精神服務的同時也承載了不同文化的價值輸出功能。由於大眾文藝具有通俗易懂、感染力強、傳播迅速、涉及範圍廣等特徵，在進行政治宣傳、價值滲透等活動中有突出的優勢，成為霸權力量在外事行為中依賴的軟權力獲取途徑。今天在世界範圍，由於西方世界在大眾文藝領域中具有明顯的體量、質量、製度優勢，因此西方能進一步通過大眾文藝方式取得相應的文化話語權。

（4）傳媒在現代社會中的重要地位盡人皆知，尤其在今天全球化加速、信息化高速發展的背景下，傳媒在承載信息傳播、價值輸出、誘導社會功能上的有效性更值得關注。在今天的世界傳媒平臺中，CNN、BBC、《紐約時報》、《華盛頓郵報》等西方媒體占據了更大比重，形成了明顯的同類競爭優勢。同時不能忽視，在自媒體領域，西方世界的文化話語權也較為突出。臉書、推特等平臺也有效促成了西方價值觀念在社會的內化。

（5）文化話語權的另一大陣地是看似曲高和寡實則影響深遠的學術教育領域，教育品牌、科研標準、科研成果等諸多方面不僅影響著全球經濟，同時也與未來人類文明的發展方向息息相關。西方是現代教育（包括基礎教育與高等教育）的發源地，在這個領域當中，西方目前具有明顯的競爭優勢。從結果上看，優質的教育服務吸引著全球人才與資金向西方流動，進一步推動著優質研究成果在西方教育平臺中開花結果。正是這樣的循環機制，鞏固了西方教育科研的話語地位。

以上列舉了今天西方文化話語權的一些表現形式。在今天西方話語權力相對下降、全球治理需要更多非西方方案以促進

更大實質公平的背景下，西方話語權優勢造成了諸多公共性問題。首先，西方話語權極易形成全球文化體系中的價值偏見，加劇而非彌合業已存在的價值鴻溝。大到對異質文明（如伊斯蘭、東亞、俄羅斯）的整體價值與政治製度的醜化與歪曲，小到對這些文明內部具體文化形式的冷嘲熱諷，西方文化話語權在強調文化「和而不同」的今日世界加速了文化的對立，并將這種惡性結果「外溢」到政治、安全與經濟領域。其次，西方文化話語權通過信息控製強化了其對社會的誤導，加劇了民眾在信息時代的信息不對稱弱勢地位，進一步強化了固有價值偏見與文化優越感。在信息傳播過程中，施動者與接收者之間的不對等地位助長了話語權持有者對大眾的價值引導，通過信息遴選、虛假報導、惡意評論、誇張描述等方式，西方媒體能有效操縱民意。最後，西方話語權造成的不良結果能從文化領域擴展到政治與經濟領域，給全球治理和地區建設帶來更多難題。政治、經濟與文化三者相互聯繫，文化結果能形成對政治與經濟過程的有力干預，造成包括恐怖主義、貿易保護、國家間敵意上升等結果。例如，恐怖主義的擴展與強化，與西方對伊斯蘭世界長期妖魔化宣傳有關，造成了大量穆斯林融入現代社會困難、仇視西方、熱衷極端思想的文化傾向。再如，西方長期對中國意識形態與政治體制的錯誤宣傳，加劇了歐美對中國市場經濟地位的僵化認知，給雙邊或多邊貿易的自由化造成阻力。再如，「中國威脅論」不斷受到西方媒體話語權推波助瀾的宣傳，給亞太安全維護、政治建設、經濟合作、社會互融造成了巨大風險。

### 二、中國國際文化話語權現狀

中國通過數十年的國家建設，國力大增，其經濟總量與增速、科研成果、社會建設、軍力發展以及對國際製度的構建等

均取得了可觀的成果，從原本「大而貧弱」的狀態迅速躋身於世界強國（Power）行列。但同時，我們還要看到，中國對世界的文化貢獻、價值輸出等方面尚無法支撐中國作為「強國」所必需的軟權力需求，文化話語權的相對弱勢成為這一問題的突出體現。那麼，中國在今天國際政治當中的文化話語權缺失體現在哪些方面呢？我們需要從不同層次、維度和領域，對這一問題進行分析。

首先，中國在今天國際秩序重建、全球治理對價值性公共產品需求增多的背景下，也已提供若干有效、高質量的價值性貢獻，但與「價值引領」的大國地位仍有差距。新中國成立以來，中國順應全球反殖反帝形勢，在「冷戰」格局中提出和平共處五項原則，首次為國際社會提供價值性公共產品。今天，國際社會面臨秩序轉型、全球治理需求提升、多重安全隱患共存等挑戰，而作為超級大國的美國又無法單獨承擔公共產品供給的任務，這勢必要求中國為世界提供更多具有前瞻性、普遍適用性的價值性貢獻。這種國際秩序轉型為中國話語權的提升帶來空間。過去的十餘年來，中國先後提出「和諧世界」「新型國際關係」「三大共同體」等價值性產品，但傳統大國政治鬥爭邏輯以及當前西方主導的話語權力體系自覺抗拒中國在這一領域的能動性，這為中國繼續作為物質性大國成長為精神性大國形成了不小挑戰，為中國國際文化話語權的提升造成了障礙。

其次，中國擁有龐大、豐富的文化軟權力資源，它們能為提升中國國際話語權提供必要資源，但中國在將其轉化為自身軟權力的過程中尚缺乏必要的手段與能力。數千年傳統文化精要、自身蘊藏的豐富環境資源、馬克思主義理論中關於「正義」「公平」的資源寶藏以及數十年來中國自身開闢出的國家成長道路，均可為提升中國價值感召力提供資源支撐，但中國目前對其開發力度、開發方式仍有不足，這造成了中國在將軟權力資

源轉化為軟權力的過程中效果難以達到預期目標的狀況。① 構成這一現狀的表現形式很多，包括對傳統文化開發過程中夾雜一些「私貨」（如一些機構與個人以弘揚傳統為旗號斂財導致傳統文化信譽下降）、部分傳統文化精要因為過於「曲高和寡」而難以推廣、西方媒介傳播中國文化存在誤讀但中國糾偏意識不足等。

再次，中國通過國家與社會相結合的方式取得了數十年改革開放的重大成就，這一方式在應用於文化傳播過程中深入不夠。當代中國的成功在於國家和社會相輔相成、優勢互補，通過國家制定戰略規劃并提供製度保障、民間力量靈活機動發揮創造性，這一方式在經濟增長、政治完善、社會建設等方面取得了長足進步。因此，在對外交流中，民間力量應當成為提升中國文化話語權的生力軍。但就目前情況看，中國民間涉外參與主體更多地以企業與個人為主，前者以經濟利益為行為導向，後者缺乏有效的組織團隊，因此在推廣中國文化話語權方面存在明顯的潛力開發不足問題。同時還應注意，目前海外大量的華人社區也是能夠推廣中國文化話語權的社會性力量，它們在融入對方社會過程中具有得天獨厚的優勢。因此中國在進行多維多元的外事行為過程中，也應當注意在通過經濟交往建立自身與海外華人密切聯繫的同時，不能忽視其對中國文化推動的巨大作用。

---

① 這種情況尤其反應為今天中國對世界文化引領力不足。自20世紀80年代以來的文藝思潮，被稱為創新的部分，幾乎全是對西方現代主義及後現代主義種種形式、手法的襲用，從意識流、朦朧詩到泛性論表現、敘述主體的介入，無不如此。文藝批評的話題，從存在主義、接受美學、後結構主義、女權主義、後殖民主義，一直到這裡所說的全球化，全是西方話語。在這方面，中國最好的批評家也只是復述西方的話語而已。彭新良. 文化外交與中國的軟實力：一種全球化的視角 [M]. 北京：外語教學與研究出版社，2008：363.

再其次，在經濟與文化相輔相成的道路上，中國的文化產業近年來出現了令人矚目的數量增長，但文化產品質量水準遠無法達到文化產業強國的標準。在經濟全球化的今天，文化產業能直接影響一個國家是否有能力引領大眾審美、是否能將自身文化理念轉化為對他國社會價值塑造的動力。因此，中國文化話語權需要足夠的文化產業作為基礎，讓優質、豐富的文化商品走出國門，帶動中國在全球或地區價值引領方面的話語權提升。隨著改革開放取得巨大的經濟成功，中國文化產業在規模上取得了巨大的成就，電影、舞臺劇、音樂等市場在人們生活中占據了越來越大的比重。但需要看到，中國文化產業的繁盛更直接地反應為量的激增，與之相對應的是中國文化產品特別是能夠走出國門的產品仍存在「質」的問題，例如思想性簡單、藝術性單薄、細節刻畫粗糙等問題。暫不論和美國文化產業的對比，即便是與日本、韓國、印度甚至伊朗等亞洲國家的優秀文化產品比較，中國在質量方面仍然存在明顯差距。

最後，中國的傳媒國際化、教育科研國際化在取得長足進步的基礎上，仍有較大空間繼續「走出去」，進一步為提升中國國際話語權提供動力。一個國家的文化話語權需要強大的對外傳媒做支撐，同時在當代以綜合國際競爭為基調的國際社會中，教育科研話語權也成為大國文化話語權必不可少的組成部分。就前者而言，中國傳媒力量在英美為主導的全球傳媒格局中明顯處於劣勢，尤其在政治宣傳、社會解讀等方面，中國媒體因海外規模與報導力度上的弱勢而無法為整體的文化話語權提升造勢。根據權威機構統計，2016年全球品牌500強中，中國傳媒行業（或具有一定傳媒功能的部門）僅有五家。[1] 作為對比，當前全球新聞傳播業2/3的消息來自於只占世界人口7%的西方

---

[1] http：//www.worldbrandlab.com/world/2016/china.htm.

發達國家，人們所接受的國際新聞有 80% 是西方媒體提供的。西方發達國家向發展中國家輸入的信息和發展中國家向西方發達國家輸入的信息之比是 100∶1。而在提供信息的西方國家的新聞機構中，尤以美國為主。① 就後者而言，能夠看到一個文明的科學成就通常可以對其文化力起到加速功能。② 對當代中國來說，儘管近幾十年基礎教育和高等教育科研取得了長足進步，但在一些指標上仍無法滿足作為大國的發展需求。中國高校的品牌效應較之美國、英國、歐洲甚至部分亞洲國家的知名高校，整體上還存在較大差距。科研領域中，中國近年來科研產品在數量、質量上均有不小進步，但在科研標準制定、話語範式等方面，中國仍然需要同西方國家進行長期的競爭。

## 第二節　民心相通與「一帶一路」的文化實踐

「一帶一路」自提出以來，外界對其給予不同視角、不同立場的內涵解讀，這其中包括中國「大戰略」論、中國外交「新國際主義」論、中國版「馬歇爾主義」論、「過剩產能轉移」論，等等。③ 綜上所述，這些解讀儘管存在內容差異，但都包含了一個非常重要的假設前提：中國中心論。它們從中國國際利益、中國國際道義、中國國內發展問題的外部性解決方案角度

---

①　沈國麟. 控製溝通：美國政府的媒體宣傳 [M]. 上海：上海人民出版社，2007：153.

②　例如近代，西方科學成造了基督教國家文化的優越性，西方文化的說服力因此而大大增強。羅志田. 權勢轉移：近代中國的思想、社會與學術 [M]. 武漢：湖北人民出版社，1999：38-43.

③　胡鍵.「一帶一路」戰略構想及其實踐研究 [M]. 北京：時事出版社，2016：33-37.

進行了各自的闡述，因此形成了對「一帶一路」的片面解讀。

從「一帶一路」的正式提出到具體實施可以清晰地看到，這一宏大戰略構架的核心要義在於推動沿線國家、地區建立寬領域、長週期的互聯互通，它需要多元主體共同參與、通力合作，建立彼此間的利益共同體、責任共同體與命運共同體。中國在這一過程中也作為沿線國家參與其中，為基礎設施、貿易、貨幣、技術、人才以及信息的互聯互通提供動力與智力支持，最終彌合沿線地區的發展鴻溝。

因此，「一帶一路」的建設目標應當是多元的，它包括豐富的文化內涵。從現實來看，「一帶一路」沿線涵蓋的文化形態極其多元，東亞文明、伊斯蘭教、基督教、印度教等世界主要文化形態均大量存在。同時在沿線地區，不同文化在發展道路上也存在階段性差異。有的文化還未擺脫蒙昧狀態，有的文化處在急遽的現代化進程中，有的文化在深刻地反思現代文明。從這些維度看，「一帶一路」設想如果要實現最終的戰略目標，需要有明確的文化建設藍圖，在文化多樣性凸顯的歐亞非地區降低文化多樣性的潛在風險，同時利用內在的文化潛力助推經濟、政治、社會等方面的整體提升。

### 一、「一帶一路」的文化建設目標

那麼，「一帶一路」的文化建設目標是什麼呢？應當看到，在今天的國際環境下，不同文化的發展及其相互作用問題已經成為國際非傳統安全的關鍵事項。[1]「一帶一路」的總體宗旨是建設沿線大區域內的全方位互聯互通，它需要多元力量共同參與、同舟共濟，多元文明應當本著相互尊重、彼此借鑑的精神

---

[1] 阿·恩·丘馬科夫. 全球性問題哲學 [M]. 姚洪芳，等，譯. 北京：中國人民大學出版社，1996：112.

參與這一戰略的建設。因此，「一帶一路」本身即帶有強烈的抗拒一元中心、弘揚多元價值的色彩。從近十餘年中國對「理想世界」的文本架構中可以明確看到，儘管中國在硬實力和軟實力資源上都在亞洲具有強勢地位，但中國對世界文化格局的價值訴求仍牢牢地定位在推動各民族文化互相包容、平等，不斷增進彼此間相互認知、尊重以及取長補短，最終形成全球化時代更先進、更文明的世界文化。① 從這個角度進行推導，從「一帶一路」近三年的建設成就與方向看，可以進一步概括出「一帶一路」的文化建設圖景。

首先，「一帶一路」旨在推動沿線地區多元文化之間的地位平等，反對經濟相互依賴固化過程中產生的——如同近代以來歐洲中心體系所形成的——文化帝國主義。縱觀歐亞大陸歷史，不難發現這一地區緩慢的一體化進程不斷伴隨著文化徵服。宗教徵服、文字霸權以及風俗強迫等文化霸權內容，始終伴隨著強勢文明對弱勢文明的壓迫，并由此進一步造成若干古老文化令人惋惜地消亡，例如中亞地區佛教文化的衰敗、波斯拜火教的消亡或柬埔寨古高棉文明的遺失。為避免亞歐非大陸內再次出現因物質強勢力量而導致的文化霸權，「一帶一路」必須要根據沿線地區多元文化特徵明顯的具體情況，在經濟與社會互聯互通過程中嚴格恪守文化間的身分平等理念，堅決杜絕強勢文化對弱勢文化的同化與徵服，形成文化間「各美其美，美人之美，美美與共，天下大同」的理想狀態。

其次，「一帶一路」的互聯互通本質，要求沿線區域內多元文化間相互包容、彼此尊重，并進一步取長補短、互通有無。文化本身并非一成不變的，它也會隨著社會的變遷自覺或不自

---

① 胡錦濤在中國共產黨第十七次全國代表大會上的報告 [R/OL]. http://cpc.people.com.cn/GB/104019/104099/6429414.html.

覺地嬗變。在多元文化體系內，文化的變遷尤其受到文化彼此間互動的影響，價值觀融合、語言文字吸收與借鑑、風俗的仿效，成為文化之間相互影響的主要方式。從歷史中也不難看到，歐亞非大陸的文明發展絕不是各個初始文明故步自封、隔絕傳承的結果，幾種主要的文化均較大程度地形成於多元文化互相包容、影響、取長補短、相互借鑑的過程中。佛教之所以成為三大宗教之一，與其傳入東土并實現漢化進而構成東亞文明主要支柱密不可分；拉丁字母正是借助歐洲各個民族的繁盛，才成為今日世界最多使用的書面語言之一；若無俄羅斯這一草原民族的強大，東羅馬文明恐怕也會隨著拜占庭帝國的滅亡而徹底泯滅於歷史之中。由此可見，歐亞非大陸的文明興盛，本身即蘊含著強烈的文化互通、文化跨時空傳承的內涵。在今天這樣一個全球化高速發展的時代，文化間的包容、交流與相互借鑑對人類文明發展更為重要，它能夠有效彌合文明斷裂帶之間的衝突，并能使各個文化在互動過程中各自實現文化的進步。因此在「一帶一路」建設過程中，沿線國家及其他相關參與主體需要在廣泛的經濟社會互動中形成文化互融的長效機制，上至國家、下至個人，都應當在「一帶一路」建設中提升自己的跨文化理解能力，能夠觀察、欣賞到對方文化的優良之處，形成多元文化參與世界先進文明構建的良好局面。

　　最後，「一帶一路」帶有深刻的文明進步主義特徵，因此在文化領域，「一帶一路」致力於在互聯互通過程中推動不同文化的進步，不斷在多元文化基礎上形成正確的價值觀。從國際關係演進的歷史視角可以明確看到，國際社會對大國成長的門檻要求越來越高，在文化領域集中表現為大國所建立起的獨特文化話語系統必須要符合國際政治社會化的方向，要與世界文明進程保持同向性并不斷為其注入生命力，進而贏得國際社會對

其話語權的普遍認同。① 「文化多樣性」是我們在推動全球治理時所應當堅持但也需對其不足進行中肯評價并予以改良的國際結構特徵，各個文化在保持鮮明特色、豐富世界文化體系的同時，也或多或少地帶有一些不符合世界文明發展趨勢的文化內容，成為各自傳統中客觀存在的糟粕。例如在沿線地區，特別是在一些宗教發達地區，仍然存在性別之間法律身分上的極度不平等；一些官僚主義盛行的國家仍然貪腐成風，影響它們的政治與社會管理現代化；一些沿線區域，至今仍然保留嚴格的社會等級製度，不利於跨層級的社會流動；一些特定民族仍然廣泛存在著種族主義與民族自大感。這些文化性內容與今天全球治理中關於公正、和諧、普惠的價值觀大相徑庭，需要在全球化、區域經濟一體化、社會之間的廣泛互動當中得到祛除。「一帶一路」作為當今歐亞非大陸涉及範圍廣泛、影響深遠的戰略構想，理應在這方面積極推動，讓各個文化單位在廣泛、深刻的互動中取長補短，并逐步建構出符合人類文明發展方向的共享價值，幫助各個文化在世俗化、現代化、文明化的過程中取得進步，加速沿線地區普遍的社會建設。

### 二、「一帶一路」對多元文化話語權的推動

「一帶一路」是在以和平、發展、合作、共贏為主題的當今世界，面對復甦乏力的全球經濟與紛繁複雜的國際局面，由中國首倡、多國參與，建立旨在開放合作、和諧包容、互利共贏的雙邊與多邊機制的國家頂級戰略。② 從這一頂級戰略的理念、部署以及截至目前的建設成果來看，「一帶一路」的兩個特徵需

---

① 郭樹勇. 大國成長的邏輯 [M]. 北京：北京大學出版社，2006：237.
② http://news.xinhuanet.com/finance/2015－03－28/c_1114793986_2.htm.

要被我們格外關注：其一，全方位、多層次的互聯互通。沿線國家、地區借助政府搭建的平臺，在經濟、社會、文化、安全等多個方面聯通彼此，借助市場機制降低交易成本并拉動區域内部整體發展。其二，低門檻的准入資格與非霸權性、非等級制的合作體系。需要看到，「一帶一路」對參與國家的規模大小、政治製度、意識形態、文化屬性、經濟體制不設具體要求，這與歐洲、美洲和中東地區的一體化有著較大區别。還要看到，「一帶一路」推動的一體化進程無明確的領導國家，它旨在吸引更多主體參與其中、群策群力，以提升國際政治民主化和沿線國家的參與意願。這二者形成「一帶一路」參與合作的寬鬆環境，在貿易保護主義與政治保守主義抬頭、地區危機此起彼伏的今天造就了低成本、低風險的一體化路徑，吸引著眾多國家參與其中。

　　從「一帶一路」的這兩個固有特徵可以進一步推導出：由於「一帶一路」對參與一體化成員的低門檻特徵，以及它的建設宗旨帶有明顯的「去等級化」色彩，我們有理由相信它有較大潛力對以西方為中心的國際秩序進行重塑，新興國家或潛在經濟體能夠借助「一帶一路」參與的低成本特徵實現發展目標。從文化話語權的角度看，新興經濟體在國家物質成長的過程中，也需要獲得相應的精神性成長以彌補文化話語權短板。「一帶一路」的本質特徵是否能幫助新興經濟體實現這些文化目標？具體又有哪些實現方式呢？

　　首先，要看到經貿合作作為「一帶一路」建設的主要陣地，其所提倡的多元參與、共擔其責、共享其利宗旨，客觀上構成多元文化話語權形成的先決條件。「一帶一路」在這個層面的建設目標，一言以蔽之，就是推動沿線區域的經貿互聯互通，打破國家、族群、文化障礙，以市場機制為動力實現經濟要素的最優配置。在現實中，由於大量文化承載單位參與經貿互聯互

通，其文化產品、文化價值、品牌符號等內容，會隨著貿易自由化更便捷地走出國門，文化本身的跨境通行能力得到顯著提高，這就為多元文化參與國際文化話語權陣地提供了有效途徑。作為「一帶一路」的倡導國和主要參與者，中國可觀的經濟體量與對外經貿能力，可以充分利用經貿平臺，將自身文化軟力量要素附加於經貿產品中，提振文化品牌實力，進一步提升文化話語權。

其次，「一帶一路」兼帶著深刻的對現行國際秩序進行改革的宏大夙願，因此它的建設必須通過相應的國際機制建設加以推行。加之當前全球治理處於瓶頸期，既有的西方主導的國際製度結構無法充分實現全球治理需求，建設更為合理的國際製度成為今天一體化建設不能忽視的環節。「一帶一路」由政府搭臺，通過雙邊、多邊外交形成的國際機制，可以有效地借助製度建設初始階段成本與風險低、邊際回報高的優勢，短時期內帶動涉及區域的整體發展。就目前而言，包括亞投行、G20峰會成果在內的製度建設成就，突出反應了「一帶一路」在製度創新、製度改革道路上的奮進精神。從文化角度而言，由於「一帶一路」的製度建設需要涉及國家共同參與，多元文化無疑獲得了進一步走向國際舞臺中心的大好機遇，新興經濟體的文化價值可以在地區製度創新過程中得到烘托，國家的國際文化話語權因此而得到間接提升。

以中英人文交流為例。一直以來，中、英兩國政府都高度重視人文交流與合作。英國是與中國建立人文交流機制的首批三個國家之一。中英高級別人文交流機制與中英戰略對話、中英財經對話，被并稱為中英雙邊關係的三大支柱，可見人文交流在兩國關係中的重要性。中英共同建設「一帶一路」，為兩國人文交流提供了新的契機。2016年年底，中英高級別人文交流機制第四次會議在華召開，為兩國人文領域下階段合作描繪了

藍圖。中國文化部頒布的《「一帶一路」文化發展行動計劃（2016—2020）》，以政府性文件的方式，為「一帶一路」建設中中國與世界各國的文化合作，提供了路線圖。在此發展行動計劃下，中英之間的人文交流合作，將逐步落實和夯實。目前，兩國之間的合作機制化建設已經形成「1+1+3+N」的完整模式，即 1 個高級別人文交流機制，1 個文化協定和年度執行計劃，中國文化部與蘇格蘭、威爾士、北愛爾蘭 3 個英國地方政府簽訂備忘錄，N 個行業性合作協議。兩國高層對此非常重視。習近平 2015 年訪問英國，提出深化兩國人文交流，兩國在此倡議下於 2016 年舉辦的聯合紀念「湯莎」誕辰 400 週年的系列活動，取得了巨大成功。2016 年，中國成為倫敦雙年展創始國之一。目前，大英圖書館的一些珍藏名著手稿和書本正在中國巡展。兩國在電影、電視合拍以及時尚、設計、博物館、圖書館、收購足球俱樂部等方面，都已經結出豐碩的成果。①

　　最後，「一帶一路」儘管由官方倡導、官方牽線，但其具體的建設及運作離不開大量社會部門的推動。倡議自 2013 年提出至今，包括學校、文化單位、其他社會公益團體在內的社會部門，在建立多民族交流、強化多元文化結構過程中發揮了關鍵性的力量。可以看到，不少社會單位由於帶有濃厚的文化屬性，在其參與跨境行為過程中有著先天稟賦，有效地通過建立接觸、彼此認知、交流乃至互信等方式進行合作。這對於多元文化結構能夠起到穩定的作用，也是新興經濟體擴大文化影響力，增強他國對自身文化接受、尊重的有效途徑。

　　自從中國政府提出「一帶一路」倡議以來，受到越來越多國家和地區響應。通過擴大留學生規模、建設漢語國際推廣基地、增加引智項目、建設高校智庫等措施，地處中國西部腹地

---

① https://www.yidaiyilu.gov.cn/xwzx/hwxw/12080.htm.

的高校正不斷加強國際交流與合作。甘肅與中亞國家地緣相近、人緣相親，自古就是絲綢之路要地。西北師範大學等高校建設的相關智庫，是服務國家「一帶一路」倡議的重要參與者，也是整合科研與教育力量主動融入「一帶一路」建設的部門。根據甘肅省教育廳數據，甘肅漢語國際推廣中心已累計向 10 餘個國家派出近 200 名對外漢語教師和志願者。甘肅中醫藥大學先後在烏克蘭等國建立了 8 所岐黃中醫學院和 4 個中醫中心，已為當地培養出一大批中醫人才。為了不斷推動「一帶一路」沿線國家教育合作和資源共享，在 47 所創始成員學校的基礎上，在甘肅敦煌成立的「一帶一路」高校聯盟去年再添 79 所成員學校，總數已突破 100 所。①

# 第三節　通過「一帶一路」建設提升中國文化話語權的路徑

### 一、為什麼要提升中國文化話語權

對當代中國崛起的簡要解釋是使中國成為國際體系當中名副其實的大國，這一複雜要求迫使中國在經濟、軍事、外交、社會等多個領域共同成長，盡可能避免各項指標中出現短板而造成未來中國在綜合國力競爭中處於下風。一個國家，尤其是發展中國家如能在國際上發出自己的聲音并進行傳播，為其國家利益服務，這個國家就實現了某種目的，并能以此為指標來衡量該國在世界體系中的國際地位。② 就這點而言，國際話語權對於中國這樣的新興國家來說顯得格外重要。按照江憶恩（Iain

---

① https://www.yidaiyilu.gov.cn/wtfz/mxxt/4730.htm.
② 郭可. 國際傳播學導論 [M]. 上海：復旦大學出版社，2004：4.

Johnston）的觀點，在國際社會的共同利益尚不足以支撐起集體行動的前提下，大國的「說服行動」或「社會影響」可以推動國際體系的社會化，客觀上建立起國際共識并推動國際製度的創建和維持。① 以此推導，文化話語權對一個大國的意義同樣重要：它能提高該國在全球價值引領方面的標杆力量；它能強化該國在全球文化領域中的製度建構能力；它能轉化為該國文化產品在世界市場中的通行與競爭能力等。

那麼對於當代中國而言，提升其文化話語權有哪些利益呢？我們可以從以下幾個領域來說明，提升文化話語權對中國這樣一個綜合國力高速增長但在社會製度與意識形態方面與其他強國截然不同的國家有著何種意義。

第一，當前中國巨大的經濟成就需要其文化性增長同向而行。自現代國際關係形成以來，大國崛起在物質性成長的同時，也需要在文化層次形成對國際社會更廣泛、更深遠的影響，以獲得對國際文化結構的塑造力。在第一次世界大戰結束後，隨著傳統帝國主義受到越來越嚴厲的批判，新興國家無一例外地將文化性成長作為自身崛起的重要途徑。尤其在全球化的今天，物質能力與文化水平相輔相成，共同促進國家的總體崛起，成為當前以及未來國際關係的基本運行方式。就中國而言，新中國建立以來的工業化以及改革開放以來中國巨大的經濟成就，勢必要求中國提升自己的文化話語權，推動國家的全面崛起與民族復興。一方面，工業文明發展的當前形態以及第三產業的本質特徵等物質成果勢必要求國家提升國際文化話語權，以形成獲取物質利益的長效機制。例如，中國電影工業需要走出國門獲利，這需要中國電影產品對海外市場有充分的價值感召力

---

① SEE IAIN JOHNSTON. Treating International Institutions as Social Environments [J]. International Studies Quarterly, 2001 (45): 487-515.

與文化吸引力，這便與中國是否在國際價值體系中擁有重要位置、在國際文化結構中是否能讓中國精神得到國際社會積極回應有著密不可分的關係。另一方面，中國經濟崛起勢必帶來更為長期、激烈的國際經濟競爭，也必然引起更多的對中國物質成長的質疑。在應對「中國威脅論」的長期過程中，通過中國增強自己在國際社會中的文化話語權，塑造良好的中國形象，減輕國際社會對中國物質成長的擔憂，可進一步為中國的經濟發展降低外部阻力。①

第二，中國文化的博大精深內涵及其在世界文化格局中不可替代的光榮地位，要求中國在對外交往中積極發揮文化主體性聲音，提升自己在國際體系中的文化話語權。縱觀世界歷史，中國文化是唯一跨越古代、古典時期、中世紀、近代以及現當代并未曾斷裂的文明形態②，它在世界觀、方法論、認識論上有其獨樹一幟的內涵，在哲學、文學、藝術、語言、風俗、宗教等多個文化領域中彰顯著自己獨樹一幟的文化個性。在全球化的今天，世界多元文化相互交流、彼此借鑑成為世界發展潮流，當代中國作為中華文明的最重要政治載體，理應通過積極、有效、具有前瞻性的外交提升中華文明的感召力與吸引力，為中

---

① 有學者直接指出，中國實現和平發展的一大標誌是中國的製度和價值觀得到國際社會大多數國家的認同。黃仁偉，劉宏松. 中國和平發展道路是否能成功的三大標誌［J］. 國際觀察，2012（5）.

② 西方史學界對世界歷史的斷代劃分主要依據環地中海地緣文明進行。自文字時代形成以來，環地中海地區先後出現古代（古埃及文明、兩河流域文明）、古典時期（希臘—羅馬時期）、中世紀（大約公元500年至公元1500年）、現代（文藝復興之後）幾個大的階段，并根據這一歷史斷代結構形成對非西方文明的認識。例如，「古代」對應中國的殷商文明，「古典」對應中國的春秋戰國時期與秦、漢兩朝，「中世紀」在亞洲則表現為隋、唐、宋時代，「現代」則反應為明、清以來的中國文明。通過中西歷史對比可以看到，中國文明并未像西方文明那樣出現過根本性的斷裂，它的延續性遠遠超過了因改朝換代而帶來的文明轉變。

華文明的傳承、復興與騰飛盡職盡責。

　　第三,當今世界全球治理的總體目標與方向,要求中國通過自身文化話語權的提升,推動世界文化格局多元化,并促進多元文明相互交流、理解、借鑒,以「取長補短」的方式形成多元文明和諧、共生的全球治理目標。全球治理本身即蘊含著深厚的價值含義,它「包含著價值基礎、規則保證和治理操作」[①]。自「冷戰」結束以來,全球治理議題逐步加深,它要求在不改變現有主權國家體系的前提下,通過多國合作、多元主體參與、多邊機制完善的方式,建立普遍的政治互信,在全球公共問題上同舟共濟、相互合作,打破原有權力政治中的零和博弈思維,最終造福全人類。目前,全球治理在全球反恐、環境治理、全球司法等領域取得了重大成就,在文化領域,也應當秉承「全人類福祉」的目標,為多元文明提供共同發展、相互交流學習的平臺。因此,在西方國家仍主導文化話語權的今天,中國文化話語權的提升,本身即符合文化全球治理的根本目標,它能夠有效避免「文化帝國主義」的壯大,為非西方文化如何爭取平等對話機遇、佔有文化陣地提供仿效價值。

　　綜上所述,提升自身在國際體系中的文化話語權,對於中國這樣一個多元身分兼具(亞洲國家、社會主義國家、大國及發展中國家)同時又處在崛起進程中不斷受到外部質疑與遏制的國家而言有著關鍵的意義。中國業已形成了在亞洲初具規模的大國影響力,這就需要中國不斷夯實既有外部發展條件,并積極創造新的外部進取空間,以提升中國的國際文化話語權。

## 二、如何借助「一帶一路」提升中國文化話語權

　　「一帶一路」是中國首倡、多國參與的旨在建立互聯互通經

---

① 任劍濤.在一致與歧見之間——全球治理的價值共識問題[J].廈門大學學報(哲學社會科學版),2004 (4).

濟的宏大戰略框架。自「一帶一路」倡議被正式提出以來的四年多時間裡，沿線地區取得了可觀的合作成就與發展回饋，吸引了更多國家的參與，為這一宏大戰略打下了堅實基礎。中國在「一帶一路」建設中發揮了重要的引導職能，同時也借助這一戰略平臺，為自己提升國際影響力、對國際社會多維貢獻拓寬了途徑。

儘管「一帶一路」有其內在的經濟邏輯，截至目前，它的主要建設領域及成果也大都集中在經濟發展領域，但在經濟、政治、安全、文化、社會乃至生態密切關聯、相互交織的全球化加速時代，「戰略經濟」勢必會通過強勁動力與寬闊平臺將其能量轉化為其他領域的成果。從中國經驗看，「中國經濟的市場化、國際化、全球化進程越是發展，中國和世界體系融合度就越高，實際上中國改變世界體系的能力也越增強」①。就此而言，中國在引導「一帶一路」建設的同時，可以有效地因勢利導，借助多向度、寬領域的對外發展機遇提升中國的國際文化話語權。

那麼，如何借助「一帶一路」提升中國文化話語權呢？正如前文論及的，「一帶一路」需要構建多元、平等、包容、合作與交融的文化②，這就意味著，中國在推動區域經濟互聯互通、提升自己文化話語權過程中應避免歷史上崛起大國的文化帝國主義取向，避免通過文化「零和邏輯」遊戲壓制其他民族文化而實現自身文化話語權提升。秉持「和平合作、開放包容、互學互鑒、互利共贏」的絲路精神，中國應當以命運共同體意識為目標，在尊重其他民族文化特性的基礎上，借助市場機制、

---

① 黃仁偉.中國崛起的時間和空間［M］.上海：上海社會科學院出版社，2002：4.
② 胡鍵.「一帶一路」戰略構想及其實踐研究［M］.北京：時事出版社，2016：121-123.

法治精神與實事求是態度，推動中國文化話語權的發展。

　　首先，中國應時刻謹記「一帶一路」總體宗旨，以建設多元文化共存、共融的國際合作框架為文化建設目標，同時致力於推進建立沿線地區針對跨國公共性問題的集體認同。歐亞非大陸從地緣文明視角看囊括眾多風格迥異的文化形式，它們在數千年的人類歷史中各自發揮了其特有的作用。即便是西方殖民主義到來之後，歐亞非大陸的多元文化特徵也未在外部強力作用下同質化。那麼對今天全球化時代而言，良好的對外戰略應當建立在尊重多元文明的基礎上，讓本民族優秀文化成果走出國門，繼續為推動文化多樣性提供有力支撐，以尋求自身文化被他人感知、接受、喜愛以及尊重，最終實現本國在國際體系中的文化話語權提升。對中國這樣一個歷史上遭受帝國主義沉重壓迫的國家而言，「天生的文化優勢、長期的文化中心主義熏陶賦予中國一種積極開放的文化心態，即勇敢接受外來新鮮事物和異國文化」[1]。在「一帶一路」總體形勢有利於我的形勢下，應當極力避免文化優越感甚至文化帝國主義，通過多民族的廣泛交流，提升本國全社會層面的跨文化交往能力，在經貿與社會互聯互通過程中建立多元文明間的文化互信。

　　舉個例子。2017年上海國際電影電視節6月12日正式拉開帷幕，第二十三屆上海電視節的各項活動全面展開。本次電影電視節，包括6月12日至16日舉辦的第二十三屆上海電視節，6月17日至26日舉辦的第二十屆上海國際電影節。目前，經過精心遴選的41部共102集中外電視劇、紀錄片、動畫片，已在上海的4個電視頻道展播。本屆上海電視節白玉蘭獎各個獎項從12日開始評選。電視節共計舉辦9場白玉蘭電視論壇，主題包括「中國電視劇如何體現文化自信」「中國電視節目自主創新

---

[1] 門洪華. 中國軟實力評估報告 [J]. 國際觀察，2007（2）.

高峰會」「中國網劇『未來式'」「現實題材的創新和IP改編的出路」等。本屆影視節搭建平臺，讓眾多中國影視佳作集中亮相。本屆上海電視節白玉蘭獎國產劇入圍作品，絕大部分是當代題材，包括《歡樂頌》《小別離》《雞毛飛上天》等。推進「一帶一路」人文交流的主題活動，成為本屆影視節最大亮點。來自106個國家和地區的電影機構共2,528部影片報名第二十屆上海國際電影節，其中包括47個國家的1,016部影片來自「一帶一路」建設參與國家。①

同樣重要的是，針對當前全球性公共問題凸顯的問題，中國可以借助「一帶一路」進程中的全球治理機制，因勢利導地推動沿線地區的集體認同，增強中國在國際體系文化建構中的主導地位。在「一帶一路」沿線地區，由於傳統與非傳統安全隱患交織存在，加上發展差異問題、文化鴻溝問題十分突出，因此這一地區的全球治理需求很高。針對這一形勢，中國在推進「一帶一路」中不僅應建立相關合作機制實現公共產品供給，還應當針對沿線地區的客觀需求，在尊重各國文化和體制基礎上尋求國家間的最大公約數，對沿線地區的體系文化進行創新，塑造出符合沿線區域最廣大人民呼聲的集體認同，以大幅提升中國在國際秩序塑造過程中的文化話語權。②

因此，在這樣的總體文化目標之上，中國才可以有效地把中國價值傳播於沿線地區，為「一帶一路」的文化建設端正價值取向以及提供豐富的文化產品。具體來看，中國在沿線地區的跨境交往中應當持之以恆地樹立正確的安全觀、義利觀、責任觀，把推動歐亞非整體進步、彌合文化衝突當成重要工作滲透到「一帶一路」的具體實施當中，在反恐、移民管理、國際

---

① https://www.yidaiyilu.gov.cn/xwzx/gnxw/15994.htm.
② 俞新天.集體認同：增強國際話語權的關鍵[J].國際展望，2016（3）.

司法、危機管控等敏感領域中營造新型國際關係的價值取向，避免「文明的衝突」在「一帶一路」中成為悲觀心理學家所說的「預言的自我實現」①，最終在沿線地區樹立公正、包容、負責的中國形象，為中國文化話語權的提升夯實基礎。

其次，「一帶一路」要以市場機制為主要經濟要素配置方式。中國文化話語權在沿線地區的提升，應通過文化產業規範化、優質文化商品「走出去」的方式實現。自改革開放尤其是2001年加入世界貿易組織以來，中國借助內外動力促進自身經濟體制不斷從計劃經濟向市場經濟過渡，這一趨勢極大地推動了文化市場的商品經濟化，商業性質的電影、舞臺表演、出版物、體育賽事、旅遊產品大量出現，在其背後則是文化體制從「旱澇保收」的事業編制到「自負盈虧」的企業化全面轉型。「一帶一路」推動著沿線國家的內部市場接軌，中國的文化商品若想進一步走出國門拓展市場與影響力，就需要在經濟體制改革層面進一步完善規範，既要政府簡政放權，調動文化產品創造者的創造力，激發其創作動機，還需要政府完善文化產業類的相關法律法規，在督導文化發展方向、端正社會整體審美、刺激文化商品「精品化」方面做到政府應盡職責。例如在電影市場，應當適度放寬創作人員的靈感範圍，讓一些百姓關心、世界關注的社會話題走上銀幕，提升電影商品的價值層次與精神感召力，避免過度的文化管制強加於創作人員導致的「倒洗澡水連同孩子一起倒掉」現象。同時還應注意，政府應當用法律手段，防止各大院線惡性競爭，進而造成電影市場「劣幣驅逐良幣」的惡性循環出現。通過這種手段，中國電影產品能以

---

① ROBERT GILPIN. War and Change in World Politics [M]. Cambridge: Cambridge University Press, 1981.「自證預言」作為心理學名詞，指我們對他人的期望會影響到對方的行為，使得對方按照我們對他的期望行事。侯玉波. 社會心理學 [M]. 北京：北京大學出版社，2002：46.

更具正面宣傳性、飽滿文藝性的特徵走出國門，在中外電影競爭過程中更能以自身實力立足於海外市場。再如，旅遊市場也需要中國不斷進行規範管理，一方面合理、適度開發國內旅遊資源并規範國內旅遊市場、袪除層出不窮的旅遊亂象；另一方面通過文化、教育、出入境管理、工商等多部門聯合，對中國公民海外旅遊進行規範管理，減少中國遊客海外不文明行為，提升國家、國人文化形象，提升國家在國際事務中的文化話語權。

中共中央全面深化改革領導小組第二十九次會議通過的《關於進一步加強和改進中華文化走出去工作的指導意見》強調，要加強和改進中華文化走出去工作，創新內容形式和體制機制，拓展渠道平臺，創新方法手段，增強中華文化親和力、感染力、吸引力、競爭力，提高國家文化軟實力。有業內人士分析，這將促進企業真正成為「走出去」的主體，以更嫻熟的市場運作，增強中華文化國際影響力，提高國家文化軟實力。在文化產業、文化商品「走出去」的東風下，近年來，在國際文化貿易舞臺上，中國資本頻頻唱主角。例如萬達集團宣布以約 10 億美元收購美國著名電視節目製作公司 DCP 集團 100% 股權，再如曾為《阿凡達》《哈利波特》《地心引力》等大片製作特效的歐洲特效巨頭 Framestore 公司以 1.87 億美元被一家中國公司收購。除文化交流、文化傳播之外，文化貿易正以日益活躍的身姿，共同撐起中華文化走出去的格局。近年來有從事國際文化貿易的相關人士在接受採訪時提到，人們能夠日益感受到國際社會對中國聲音和中國作用的期待。相比於自己摸著石頭過河，搭建國際文化貿易平臺好比造船出海，有利於優化資源配置，能拓展國際營銷網路，推動中國文化產品進入國際市場。通過商業運作機制，外部平臺方能提供一系列服務，如為作品拍攝、剪輯 3 分鐘的推介短片，撰寫廣告詞，開展目的地

媒體公關，聯繫潛在的銷售對象，消解跨國文化差異，最終協助雙方簽訂合約、履行合約等。以 2014 年的電影產業為例，中國在境外 44 個國家及港澳臺舉辦了 65 次中國電影展播活動，展映影片 452 部次。這些國際化平臺的搭建，為中國文化產品賣出去提供了賣場。自 2015 年起，中國文化企業頻頻佈局海外：復星集團 15 億美元收購太陽馬戲團；萬達集團 6.5 億美元收購世界鐵人公司，控股澳大利亞第二大電影院線營運商 Hoyts，并在 2016 年年初以 35 億美元收購美國傳奇影業……中國文化企業通過并購投資、聯合投資，不斷擴大著境外優質文化資產規模。通過并購、收購等一系列資本動作，中國企業在最短的時間內獲取了對方企業原有的市場、人才、技術和其他優勢資源，實現迅速成長；通過學習海外的製作、管理經驗，也能第一時間反哺國內業務的拓展。實踐表明，文化產品「賣出去」比「送出去」效果更好。文化貿易與投資的作用值得期待，中華文化不僅要「走出去」，還要「走進去」，潤物無聲地進入外國人的日常生活。[①]

再次，與文化產業規範化相配合的是，中國文化事業也需要借助「一帶一路」的東風，主動「走出去」，將中國的精神性產品普惠於沿線國家與地區。文化的商品屬性和社會屬性不能混淆，前者形成的文化產品以交易形式實現一部分人的精神需求，後者形成的文化產品主要負責向社會提供文化公共服務，以彌補市場機制導致的精神性產品分配不均問題。改革開放以來，中國在文化市場化過程中，對面向社會的文化事業投入同樣重大，包括圖書館、博物館、文化館、青少年宮、文化產品下基層等公益性機構或活動極大地豐富了社會的整體精神需求。

---

① 牛瑾. 中國文化既要「走出去」，更要「走進去」[N]. 人民日報，2016-11-24.

在「一帶一路」建設過程中，中國可以利用自身的豐富經驗與物質性優勢，扶助沿線國家進行本國文化事業建設。例如捐贈、捐建各類文化場館以及協助考古開發、促進館際交流、組織跨國公益性演出、開展雙邊類似「文化年」活動等，讓沿線不發達國家人民以低成本甚至零成本享受高質量文化服務。通過這種方式，可以進一步為「一帶一路」文化建設打上更多中國標籤，也拉近了中國文化與沿線國家人民的空間距離與心理距離，使中國在文化話語權提升道路上具備更多保障。

孔子學院就是中國文化「走出去」的成功例證。截至2017年5月底，「一帶一路」沿線51國已建立134所孔子學院和130個孔子課堂。據國家漢辦統計，2016年各孔子學院及孔子課堂共開設漢語班17,341個，註冊學員465,302人，開展文化活動8,368場，累計參與人數270多萬。在「一帶一路」倡議下，各國「漢語熱」持續升溫。目前，沿線國家還有100多所大學正在積極要求申辦孔子學院。僅就泰國而言，漢語已經上升為除英語以外的第二大外語，目前泰國可以說是漢語傳播力度最大、派出志願者最多的國家。中國每年派往泰國的志願者有1,000多人，幾乎遍布了泰國各個府的學校，同時正在積極與泰國企業進行多面化合作，泰國政府也給予了相當大的支持。甚至在一些小學，中文也被設為必修課，每個孩子都要學習中文，每週至少要有五節中文課，每天都要保證有一節中文學習時間。除了語言學習，學校還開設剪紙、中國結、武術等中國才藝輔導課，這些課程讓好動的小學生可以玩著學、動著學。近年來，孔子學院根據當地民眾需求，除了推出涵蓋經貿、旅遊、中醫、職業技能的特色漢語課程，還積極開展人們喜聞樂見的文化活動，深受當地民眾的歡迎。①

---

① http://www.gqb.gov.cn/news/2017/0516/42534.shtml.

再其次，針對當前中國國際文化話語權不足的迫切難題，中國大眾傳媒應當加快自我實力提升與「走出去」過程，在西方壟斷的國際傳媒領域中開拓中國的話語陣地，為中國國際話語權的提升保駕護航。「一帶一路」旨在實現行業內部以及行業與市場間的互聯互通，對於傳媒業而言，跨境傳媒的普及與常態化可以在社會與多元、多維信息之間建立更多渠道，彌合信息不對稱下部分民眾的資訊偏差。對中國而言，借助「一帶一路」平臺，打通外部與國內的傳媒市場在當前尤為關鍵，一方面，它可以讓海外輿論出現更多的中國聲音，幫助沿線地區人民通過一種非西方的視角看待社會問題，避免陷入西方話語權之下的思維定式。例如，在反恐問題上，通過大量中國媒體，可以讓沿線地區更多地從地區發展、經濟建設的角度思考恐怖主義形成的原因及如何反恐，而非按照傳統西方邏輯從「以暴制暴」的思路思考恐怖主義，或將恐怖主義與特定民族、特定宗教畫上等號。另一方面，「一帶一路」的總體框架也要求中國市場對外部進一步開放。在傳媒領域，沿線國家的傳媒機構在進入中國的同時，可進一步加強外部世界對中國的瞭解、包容乃至理解，從多元媒體的視角瞭解中國的發展狀況、社會環境、民族與宗教政策等內容，客觀上降低西方媒體對沿線地區人民的傳媒誤導。①

2006年，中國商人王偉勝收購了一家迪拜電視臺，成立了阿拉伯·亞洲商務衛視。同年，河北四達時代集團在非洲開通7個自辦頻道，至2014年已覆蓋18個非洲國家。而曾在2009年收購英國普羅派樂衛視的商人葉茂西指出，目前中國政府對進

---

① 有學者指出，「一帶一路」在推進中國技術、中國項目「走出去」的過程中，中國媒體應當強化對外宣傳技巧，即向沿線社會說明，北門系統、高鐵、核電等重大項目既是服務中國的，更是服務世界的，中國的發展與世界發展同向而馳。胡鍵.「一帶一路」戰略構想及其實踐研究[M].北京：時事出版社，2016：101.

軍海外的官方媒體和民營媒體的支持力度還存在巨大差別，在中國文化的國際傳播中，民營媒體的力量還很薄弱。但其體制外的屬性能使它在內容及經營上擁有更多自主權，從而更為靈活地面向世界傳播中國文化，也更易得到國外受眾的信任。因此，政府在政策及資金層面應適當給予扶持，鼓勵更多民營媒體走出去，充分發揮其在中國文化話語權建構中的獨特作用。

最後，借助「一帶一路」的跨境互聯互通平臺，中國的教育科研機構可以提升自身技術化、規範化水平，并通過跨境行為擴大中國在學術文化中的話語權力。從根本上說，一個國家高質量的、能在國際上產生廣泛影響力的話語的生產，依靠的是發達的人文和社會科學研究。[1] 必須意識到，在全球化發展、科學技術日新月異的今天，文化領域的高端——學術文化——在國家競爭與區域發展進程中占據著越來越重要的地位。一個國家在國際學術文化中的話語權，能夠直接轉化為該國在科技標準確立及理論研究引領過程中的優勢地位，同時也能具體地表現為該國學術文化機構對他國人才的吸引。「一帶一路」以經貿領域為重點建設陣地，在今天新型工業化道路面前，區域增長越來越依賴於信息共享與知識創新。因此，沿線國家的教育科研機構也能通過這一戰略平臺獲得更多跨境交流機遇。就此而言，對今天致力於走國際化道路的中國教育科研機構來說，「一帶一路」無疑增加了向外發展的渠道，也拓寬了行業內交流的平臺。一方面，「一帶一路」刺激中國教育科研機構「走出去」，不斷培養語言、工程技術、文化專門型人才走出國門，拉動中國人在國際學術平臺的數量與質量提升；另一方面，通過「引進來」方式，讓更多沿線國家的教育機構或個人來到中國，切身感知中國的教育理念、科研成果和研究範式。

---

[1] 張志洲. 中國國際話語權的困境與出路 [J]. 綠葉，2009（5）.

# 第五章 「一帶一路」建設與中國自信

「一帶一路」建設對中國國際話語權的提升是顯而易見的，同時更彰顯了中國的國家自信。「話語權」是外在權力的表現方式，「自信」是內在心理的一種體現。作為國家戰略的「一帶一路」建設，充分向世界展示了中國的自信，主要體現在三個維度：①經濟維度上，「一帶一路」倡議充分向世界展示了中國獨特、高效的經濟發展模式、開放包容互利的經濟建設態勢及對世界的經濟責任和貢獻；②製度維度上，「一帶一路」建設體現了中國積極參與并改善全球治理結構、積極構建「共享性」世界秩序的製度設計理念及實踐路線圖；③文化維度上，「一帶一路」建設可以充分展示中國文化的魅力、吸引力、共通力及互鑒、共存的文明意識。在全球政治格局和經濟格局重新洗牌的大背景下，「一帶一路」建設不僅是中國展示自信的平臺，更是所有參與國共擔共同體意識、一起重塑自信的平臺。

## 第一節 自信和國家自信

### 一、「自信」的內涵釋義和「國家自信」的歷史闡釋

「自信」是由「自」的「本人，本身」和「信」的「相信，

信任」組合而成的。「自信」一方面有「相信自己能處理好社會關係、公共或私人事務」的肯定內涵，另一方面有「發自內心自我肯定」的積極心態。《墨子・親士》中「君子進不敗其志，內究其情；雖雜庸民，終無怨心，彼有自信者也」，表達了君子仕進順利時不改變他的素志，不得志時心情也一樣；即使雜處於民眾之中，也終究沒有怨尤之心。他們是有著自信的人。孫中山的《建國方略・自序》中「吾心信其可行，則移山填海之難，終有成功之日」，也表達了自信作為成功前提的重要性。

　　自信是個體或群體對自己力量的認可，是相信自己能力和精力的自我意向。對自我或他人的認知，構成了人們的自信，這種自信的對象可以是個人，也可以是組織、集團與共同體，於是就會有個人自信、群體自信以及國家自信。在這三種自信中，國家自信不僅是個人或群體的心理活動，同時也是個人或群體不可或缺的可貴品質。具體地說，國家自信就是人民對國家命運、國家現狀、國家前景所具有的肯定、認同的積極政治心理。

　　縱觀中國歷史，人民的國家自信曾有過劇烈的高低起落。曾經，強漢金戈鐵馬雄壯威風，盛唐華貴氣象萬國來朝，兩宋文化繁榮國風悠悠，明朝鄭和七下西洋「示中國富強」，清康乾文治武功蔚然可觀，是何等的自信！然而，鴉片戰爭後，帝國主義侵略欺凌、各種不平等條約敲骨吸髓，「有天地開闢以來未有之奇憤，凡有心知血氣莫不衝冠怒發上指者，則今日之以廣袤千里、地球中第一大國而受制於小夷也」[1]，國家生死存亡之時，中華民族陷入空前的憂慮、失落和憤懣中，這種民族心境的直接後果就是自信的衰落。

---

[1] 馮桂芬. 校邠廬抗議・制洋器議［M］//鄭大華, 點校. 採西學議——馮桂芬、馬建忠集. 沈陽：遼寧人民出版社，1994：94.

西方思潮紛紛登陸中國卻未成潮流，為馬克思主義立足中國讓出了位置。而以馬克思主義作為政黨思想的中國共產黨的誕生，成為中國歷史上開天闢地的大事件。中國共產黨將馬克思主義的普遍真理運用到中國歷史遺產和社會現實中，不僅用馬克思主義促進中國社會製度的現代化，也為馬克思主義在理論層面和實踐層面注入中國化的內涵。當民主革命陷入低潮，面對「紅旗到底能打多久」的困惑，中國共產黨對時局做出了「革命高潮快要到來」的準確判斷。當抗日戰爭全面爆發，國內出現輕敵傾向的「速勝論」和妥協傾向的「亡國論」時，中國共產黨科學地認識到：雖然抗戰的過程將有許多挫敗和退卻，但最終「抗日戰爭是持久戰，最後勝利是中國的」。當新中國剛剛成立、內政外交經受嚴峻考驗時，中國共產黨提出獨立自主搞建設，突破了西方國家的封鎖，取得了航天和核工業的科技成就。在改革開放的偉大實踐中，中國共產黨帶領著人民創造了一個又一個令世界驚嘆的中國奇跡。

　　回顧歷史不難發現，中國的國家自信有兩個重要原因：一是中國共產黨的領導，它能夠在各個歷史時期衝破各種盲目自負和消極自卑的情緒，始終如一地堅守馬克思主義信仰，堅定共產主義理想，堅持中國特色社會主義道路自信、理論自信和製度自信。二是獨立自主，創新發展。在探索中國革命和建設道路的過程中，獨立自主地去思考、去判斷、去選擇，依靠自己的力量來決策、來組織、來實施。在歷史上最困難的時期，我們沒有丟掉中華民族崛起的國家自信；在取得輝煌成就的今天，我們理直氣壯地堅定實現中華民族偉大復興的國家自信。

## 二、對內層面的國家自信

　　國家自信對內而言，不僅是個人確認自己屬於某個國家共同體的心理活動，更是人民對本國經濟發展、政治運行、製度

模式、文化價值等持一種積極、肯定甚至依賴的心理認知和價值趨向。對內層面的國家自信不僅是一個人內心深厚的情感，更是一種自覺的理性，因為一個人不管其民族、信仰和政治立場如何，只要國家存在，對國家的依賴和信任就必然存在，這是在共同體內生存而產生的心理層面的本能需要。

個人的國家自信是以個體的自覺意識為前提的，可以是個體歸屬感、忠誠感等情感的心理表達，也可以是個體使命感和責任感落實到公共生活中的行動實踐。

國家自信需要經歷三個過程：首先是認定自身屬於這個政治共同體，亦即國家公民身分的自我認定；然後是對國家製度、文化、經濟發展等要素與自身價值取向進行對比，產生肯定評價和情感歸屬，強化國家認同；最後是因國家認同生成實際行為，對國家製度模式和國家製度運行遵從和維護。國家自信從內涵上主要包括對經濟發展和政治運行的自信、對製度模式的自信、對文化價值的自信。

作為國家共同體中的「政治人」和「理性經濟人」，對國家的經濟發展和政治運行自信是國民對經濟前景和政治方向持有的積極肯定的態度。在很大程度上，國家自信是公民個體或群體對各種方案計算和選擇的最終結果，這種「同意的計算」必然轉化為對國家前途命運的內在責任感，進而生發出參與國家建設的實踐行為。

製度自信是在一定條件下，公民個體或群體對某一製度及其運行方式做出合法性、正當性的價值判斷後，對製度模式產生高度信任和主動接受。中國特色社會主義製度以解放思想、實事求是為精髓，以經濟建設為中心、分步實現社會主義現代化為核心，以改革開放為動力，經過了歷史的考驗和人民的詰問，從而贏得廣大人民的高度認可。

文化是民族的血脈，也是個體或群體的精神家園，文化自

信是正確看待自身文化并對自身文化的生命力充滿信心，同時對域外不同文化兼容并蓄的包容態度。在中國，文化自信的要義，就是對中華民族優秀傳統文化、革命文化、社會主義文化的自信，特別是對其中蘊含的核心價值觀的自信。文化自信是國家和民族強盛的支撐，更是中華文化發展繁榮的前提，是中國以厚重獨立的民族精神自立於世界民族之林的先決條件。

### 三、「一帶一路」與對外層面的國家自信

從歷史上看，全球化就像拍打在人類歷史灘涂上的海浪一樣從未停止過。作為第一波全球化，中國代表的東方文明通過古老的絲綢之路點亮了曾經幽暗的西方。第二波全球化中，歐洲國家通過地理大發現喚醒了沉寂的美洲，通過殖民掠奪擊潰了古老的東方。第三波由美國主導的全球化，通過消費國、生產國和資源國的區分統籌與組織世界，而中國也開始崛起。

中國不僅是過去幾十年裡全球化的最大贏家，也正在成為第四波全球化的主要引領者，引領的標誌就是「一帶一路」戰略的倡導與推行。絲綢之路經濟帶與21世紀海上絲綢之路，使占世界陸地面積和總人口70%以上的發展中國家與中國一道，通過商業貿易與經濟發展，全面加快經濟和社會發展現代化的步伐。這將有助於縮小國家間發展不平衡的鴻溝，較好地解決國家間的對立與衝突，有效地鏟除全球範圍內極端主義和恐怖主義滋生蔓延的溫床。「一帶一路」不僅是中國領導人對世界的莊嚴承諾，更是中華民族在新的歷史條件下為努力解決人類社會發展面臨的共同問題做出的貢獻。

對外而言，國家自信是本國向他國展示的開放、貢獻、擔當的心理姿態，主要表現為包容、責任感及國際貢獻傾向，一般以整體性的國家心理呈現。隨著中國自身的發展和逐漸走向強大，中國國家自信的對外層面就主要體現在為世界發展義無

反顧、矢志不移地履行自己的國際義務和責任。習近平多次表示，全面復興和崛起中的中國，應當為人類社會的和平發展與共同進步承擔更多的責任、使命和義務。由此而言，「一帶一路」不僅是影響全球性政治經濟結構與未來世界秩序的大戰略，更是中國引領 21 世紀全球化的國家自信的體現。

「一帶一路」展現了中國對世界的經濟自信。「一帶一路」建設貫穿歐亞大陸，東邊連接亞太經濟圈，西邊進入歐洲經濟圈，將打造規模空前的世界經濟大市場。中國預計將向絲路基金新增 1,000 億元人民幣，并由中國國家開發銀行、進出口銀行提供 2,500 億元和 1,300 億元人民幣的等值貸款。同時，中國將在未來三年向參與「一帶一路」建設的發展中國家和國際組織提供 600 億元的人民幣援助，向「一帶一路」沿途發展中國家提供 20 億元人民幣的緊急糧食援助。這將有利於促進「一帶一路」區域內基礎設施更加完善，貿易暢通不斷提升，資金融通進一步擴大，更有利於打造區域利益共同體和命運共同體。

「一帶一路」展現了中國對世界的製度自信。「一帶一路」是中國在新型全球治理領域，通過引領合作協商的規則制定機制，對行為準則、行業標準等製度設計貢獻的中國方案。「一帶一路」并非國際組織，不是首腦會議，更不是貿易或投資協定安排。與以往任何一種經貿領域的合作機制完全不同，「一帶一路」是中國與沿線各國共同打造開放、包容、均衡、普惠的區域合作架構，是在開放包容、工商共建、互利共贏理念下的國際合作及全球治理新模式，是中國自信在製度設計和推行領域的集中體現。

「一帶一路」展現了中國對世界的文化自信。「一帶一路」展現了中國開明開放的精神風貌和互利共贏的自信態度，展示了中國在對自身文化發展規律準確把握的基礎上，自覺承擔積極引領人類文化發展方向的責任。「一帶一路」從理念和行動上

打造文化包容的利益共同體和責任共同體，可以讓不同文明之間增加交流互鑒的機會，推動文明斷裂帶的交匯融合，從而淡化和消除文明間的衝突與誤解。中華文化所具有的強大生命力、創造力和獨特魅力，始終如一的開放胸懷和包容精神，以及「和而不同」「以和為貴」的中華智慧，無疑將在「一帶一路」建設的文化包容共同體形成中發揮重要作用。

## 第二節 「一帶一路」建設與中國的經濟自信

作為中國主創主推的重大政策舉措，「一帶一路」凸顯了世界各國重視攜手合作共同發展的清晰指向，傳遞出以發展中國家共同合作謀發展、培育全球經濟新增長點的新思路，動態地體現了大國攜手共建的良性互動。「一帶一路」作為世界各地多邊發展與共贏的全新思路，其搭建的南北合作、南南合作橋樑，以及以合作平臺建設為基礎的一整套合作機制，兼顧各方利益、維護世界與地區的和平與繁榮，不僅表現出中國對世界的經濟責任，更體現了建構新型全球化過程中的中國經濟自信。

### 一、中國開放、包容、互利的經濟建設態勢

20世紀70年代末，中國政府在著手進行國內經濟體制改革的同時，拉開了對外開放的序幕。借鑒東亞經濟體的成功路徑，中國著力引進外資，大力發展對外貿易。首先從珠三角引進臺港澳資本，發展來料加工、來件加工、來樣加工和補償貿易的「三來一補」，并同時推進對外貿易體制改革，實施出口鼓勵政策。1992年鄧小平同志視察南方并發表一系列重要講話，重申了中國深化改革、加速發展的必要性和重要性，向世界展示了中國對外開放不可逆轉的決心，也將中國經濟的對外開放推向

深入發展的新階段，帶來了跨國公司投資中國、臺港澳製造業大規模遷移中國的熱潮，中國逐漸成為全球範圍內引進外資最多的發展中國家。通過對外貿易和引進外資，中國成為組成全球經濟最強健的鏈條之一，中國經濟駛入現代經濟增長的快車道。

中國的經濟建設態勢主要有以下三個特徵：雙邊與多邊經貿關係全面發展，體制環境和政策環境與國際規則基本接軌，開放型經濟在國民經濟中佔有重要位置并且成為國家宏觀經濟調控的重要內容。在進出口貿易方面，1978 年中國貨物進出口貿易總額不過 206 億美元，占全球貿易額的 0.78%，排名世界第 32 位；2007 年外貿總額增長到 2.17 萬億美元，占全球貨物貿易總額的 8%[1]。30 年增長 104 倍，特別是在 2001 年年底中國加入世界貿易組織後的 5 年間，進出口貿易總額從 5,000 億美元躍上 2 萬億美元的臺階，在世界貿易史上都是少之又少的經濟奇跡。2015 年，中國貨物進出口總額近 4 萬億美元，其中貨物出口額占世界出口總額的 14%，遠遠高於占 9% 的美國和占 8% 的德國，居全球貨物貿易第一位。

在服務貿易方面，中國服務貿易在貨物和服務進出口貿易之和的對外貿易中的比重持續攀升，尤其是「十二五」以來的 2011 年、2012 年和 2013 年，中國服務貿易在對外貿易中的占比均超過 10%。金融、文化等新興服務出口穩步增長，推動了服務貿易結構調整和優化，提高了服務貿易的附加值，同時促進了中國知識技術密集型企業的發展。據世界貿易組織（WTO）最新統計，2014 年中國服務出口額與進口額的全球占比分別為 4.6% 和 8.1%，位居全球第五位和第二位。美國、歐盟和日本

---

[1] 裴長洪. 中國開放型經濟建立的經驗分析——對外開放 30 年的總結 [J]. 財經問題研究，2009（2）.

成為中國服務產品的主要買方,今日的中國不僅成為世界商品和服務的重要生產者和提供者,同時也是世界商品和服務的重要市場。

與此同時,中國也日益成為世界重要的資本輸出地。改革開放初期,中國雖然對海外有少量投資,但并不具備對外投資的經濟實力,主要仍以吸引外資為主。隨著改革的深入和開放的擴大,在「走出去」的戰略之下,中國已由國際資本的淨進口國轉變為資本外流國,在世界範圍內形成了一股獨特的中國投資力量。2016年中國境內投資者共對全球164個國家和地區的7,961家境外企業進行了非金融類直接投資,累計實現投資1,701.1億美元,同比增長44.1%。中國作為世界第二大經濟體以及世界上為數不多的貿易投資大國,經濟的全球影響力愈發顯著。

## 二、中國對世界經濟的貢獻及所承擔的經濟責任

中國的持續崛起已經深刻影響了20世紀後期以來的世界政治經濟格局,并且隨著中國成為世界上最具活力的經濟體,這種影響還將擴大和不斷深化。中國對世界經濟的重大貢獻體現在:一是全球經濟增長的火車頭,二是全球經濟的平衡器,三是全球經濟需求的支撐者。作為經濟全球化的主要獲益者,中國積極參與國際經濟治理改革,主動承擔起應對世界經濟「後危機時代」的責任。雖然中國在國際經濟體系建設方面還是一個新手,但已做出了備受國際社會歡迎的舉措:亞洲金融危機期間中國政府承諾人民幣不貶值,穩定了地區貨幣體系;全球危機期間中國政府大力刺激經濟增長,為各國經濟復甦提供了強有力的支持。

中國用實際行動承擔著建立更加公平和公正的國際經濟秩序責任。一是與美國建立以相互尊重、互利共贏的合作夥伴關

係為核心的新型的大國關係。這是崛起國和守成大國之間處理衝突和矛盾的新方式，目的是避免大國對抗和博弈的歷史覆轍。二是積極參與多邊政策框架的改革。2014 年 APEC 北京峰會，把克服中等收入陷阱列入會議議程，并大舉推進亞太自由貿易區（FTAAP）的討論。2016 年 G20 杭州峰會，在中國的倡導下形成了完善全球經濟金融治理，提高世界經濟抗風險能力，重振國際貿易和投資這兩大引擎，構建開放型世界經濟，推動包容和聯動式發展的「杭州共識」。三是通過「一帶一路」戰略加強地區經濟合作，通過共建「一帶一路」，將加速亞歐大陸這一世界經濟增長的重要引擎，真正實現地區多元、自主、平衡和可持續發展。

中國順應全球化的發展趨勢，堅持實行互利共贏的對外開放戰略，把既符合本國利益又能促進共同發展，作為處理與各國經貿關係的基本原則，堅持在平等、互利、互惠的基礎上同世界各國發展經貿關係，不斷為全球貿易持續增長做出貢獻。一方面，中國努力推動多邊經貿關係發展和區域經濟合作，積極參與制定和實施國際經貿規則，與各國共同解決合作中出現的分歧和問題，促進世界經濟平衡有序發展；另一方面，不斷發展的中國積極參與國際經濟技術合作，給世界各國帶來了良好的機遇和巨大的市場。

### 三、建構新型全球化過程中的中國自信

進入 21 世紀以來，國際經濟領域面臨的新格局表現出逆全球化趨勢明顯，貿易投資保護主義抬頭，發展中國家在國際博弈舞臺上實力上升，美國的經濟制高點下滑。原有的匯率體系和世界銀行、國際貨幣體系已經與全球經濟的實際越來越脫節。有經濟學家斷言，隨著中國等亞洲國家取得巨大發展成就，傳統上的「歐洲中心主義」已被「亞洲中心主義」取代。與經濟

學家的預判相對應的是中國經濟在全球經濟版圖中地位和影響力的空前提升，中國經濟憑藉多年的穩定增速成為全球經濟增長的最大增量貢獻國，中國經濟模式與中國經濟奇跡成為 21 世紀世界經濟史的最重要事件。

憑藉自身勞動力成本優勢和出口導向型發展戰略，中國吸引了大量來自發達國家的直接投資，承接了大量轉移產業，成長為全球主要的生產基地和產品出口平臺。在 2011—2015 年的 5 年間，中國的 GDP 年均增長 8%，遠遠高於同期世界 2.5% 左右的年均增速，中國為全球經濟增長貢獻了 35%，并將於 2020 年年底前繼續貢獻 30% 的國際增長。形象地說，全球經濟每增長 100 塊錢，其中至少有 25 塊錢是來自中國的貢獻。在 2014 年，中國經濟總量首次突破 10 萬億美元。美國從 1 萬億美元到 10 萬億美元的經濟總量過程中花費了 31 年的時間，而中國只用了 14 年。值得矚目的是，中國在第四次工業革命中的能量也極其顯著，綠色數字經濟發展模式在中國的興起，以及「十三五」發展規劃建議中提到的「互聯網+」「中國製造 2025」等相關行動方案，表明中國有可能成為新經濟模式的領頭羊。

在對經濟發展模式的貢獻上，中國在基礎設施、工業化、削減貧困、高等教育等領域取得的成績為發展中國家提供了有益模式，也為發展中國家找準經濟發展的發力點和優先領域做出了具有說服力的表率，更為消除全球貧困，彌合地區間、國家間的經濟發展鴻溝提供了重要參考。中國近年來整體的經濟進化，通過互聯網手段改造傳統行業，并在創意經濟、互聯網經濟、共享經濟之間形成互聯，也為國際經濟開創新的發展模式提供了思路與經驗。中國自信成為全球經濟治理「良治」的主要推手，不斷推動創新世界經濟增長方式，推動完善世界經濟金融治理體系，推動重振國際貿易與投資，推動包容和聯動式發展，促使世界進入一個繁榮而穩定的新全球化時代。

## 第三節 「一帶一路」建設與中國的製度自信

隨著國際力量對比消長變化和全球性挑戰日益增多，超級大國或者超國家組織已經不再能夠完全壟斷國際事務，與此同時，伴隨著國家間交往和互動模式的升級，跨國及政府間安排和製度的出現，使得地區性問題、國家間矛盾延伸至全球範圍。現行全球治理體系不適應時代發展的地方越來越多，國際社會對變革全球治理體系的呼聲越來越高，加強全球治理、推動全球治理體系變革成為大勢所趨。

中國作為世界上最大的發展中國家，不僅是貿易全球化和資本全球化的主要參與者和最大受益者，也希望通過堅持共商共建共享原則，使關於全球治理體系變革的主張轉化為各方共識，形成一致行動，以建設全球治理平臺推動製度建設的治理機制轉型。

### 一、「一帶一路」製度設計與新型全球治理結構

正如「治理」蘊含的政治學思想一樣，「治理」絕不是根據強制性權力維繫的統治形態，而是各成員以共同參與、民主協商的方式形成決策機制和管理方式以及由此構成製度體系。將「治理」擴大到全球範圍內，「全球治理」就是國家或非國家的全球性組織，通過制定各類國際製度，對國家主權和管轄權以外的問題形成有效管理，解決單個國家不能獨自解決的全球性問題。從結構上說，全球治理是由國家與超國家的組織形成的複合結構，其內部是國家與超國家的權力關係，其外部是由平衡和規定這種關係而形成的國際規則與製度。從目的上說，全球治理是要重構整個世界的製度體系，實現終極意義上的

「和諧世界」。

　　正如本書第三章所論述的，「一帶一路」作為開放性、多元化和合作性的國際戰略，不僅引領區域合作、創新區域合作模式，創造全球治理新的治理規則和治理機制，同時也是中國在新型全球治理領域，通過引領合作的規則制定與機制建設，對行為準則、行業標準等製度設計所貢獻的中國方案，是中國智慧在製度領導權上的集體體現。「一帶一路」改變了原有的超級大國一家獨大的秩序規則，揚棄了美歐主導的全球舊有治理體系，通過新製度的建立推動全球治理結構朝著公正、合理的方面演變。「一帶一路」戰略的提出推動并提升了新時期中國國際製度戰略以及具體製度建設的實施步伐，成為中國引領國際社會探索全球治理新路的一個試點。同時，「一帶一路」戰略以周邊為核心，向西、向南分別延伸，同時具有系統性、整體性與互補性的顯著特徵，為構建全球性和區域性國際製度戰略提供了重要的理念基礎。

　　從「一帶一路」的新製度建設來看，「一帶一路」的製度設計中最具系統性的製度安排主要圍繞亞洲基礎設施投資銀行、「金磚國家」新開發銀行、絲路基金和上海合作組織開發銀行。與國際貨幣基金組織、世界銀行、亞洲開發銀行以及歐洲復興開發銀行相比，「一帶一路」的經濟治理製度在組建過程中具有平等、高效的特徵，在製度特徵上具有包容性、合法性強的特徵，有效保障了發展中國家的話語權。此外，「一帶一路」的人才製度、投資管理製度、貿易管理製度的不斷創新和實踐，將釋放更多的製度紅利，有助於克服全球治理難題，完善全球治理配置。

## 二、「共享型」世界秩序的設想及中國的製度貢獻

　　世界秩序表示了一種可預測性或有章可循的基準水平，秩

序的存在使得國家間關係超越了所有國家之間的戰爭範疇，國家成員認同這個秩序內基本目標方面的共同利益與規範行為，并維護這些目標所形成的規則。隨著時空和國家間爭端範圍的改變，世界秩序的質量和深度發生了改變。二戰結束以後，一個真正全球性的世界秩序開始出現，世界各區域發展不平衡和全球範圍內生產、財富分布不平衡，不同生產力的代表者有著廣泛的利益差別，在各種激烈交鋒等嘗試都失敗後，各國只有通過利益退讓、協商整合等方式對利益進行容納和整合，這就逐漸構成了建立「共享型」世界秩序的基礎。

中國所累積的國內與國際發展經驗，展現了中國人概念中的國內秩序和國際秩序圖景。作為人類政治文明的一部分，中國模式可以為一些地區或國家提供必要的借鑑。而中國模式為世界秩序提供的最大借鑑和貢獻就是「合作」。合作是一種多元主義秩序觀，貫穿於國際製度的改革與建設中，是多樣性文明的代表，也是基於共同價值觀的共識，還是尋求人類發展的責任，更是擴大、提升對話和減少摩擦、戰爭的有效渠道。

從「和平共處五項原則」成為指導國家間關係的基本準則，到如今的「一帶一路」倡議，中國一直以來都是「共享型」世界秩序的主要倡導者和踐行者。和平合作、開放包容、互學共鑒、互利共贏的絲路精神下的「新絲路秩序」，堅持國家不分大小、貧富和強弱，一律平等；堅持政治上相互尊重，共同協商；堅持經濟上通過和平合作、共同發展；堅持文化上互學互鑒，共同繁榮；堅持安全上相互信任，通過對話和合作解決爭端。「新絲路秩序」不僅推動國際秩序以適應國際力量對比的發展演變，代表廣大發展中國家的呼聲和要求，更成為公正合理的「共享型」世界秩序的集中體現。

從中國通過「一帶一路」對建設「共享型」世界秩序的具體製度設想來看，「一帶一路」的製度建設將以亞洲、非洲的發

展中國家為主導,這可能將是中國等「一帶一路」沿線國家為世界秩序構建做出的最為突出的製度貢獻。因為長久以來,歐洲秩序一直是國際秩序的主導,美洲、亞洲、非洲的大部分國家的製度都曾有過西方國家殖民體系的烙印,甚至聯合國、世界貿易組織、國際貨幣基金組織都有著難以磨滅的西方主導痕跡。「一帶一路」的製度建設將有可能矯正原有的世界秩序,推動美洲、亞洲、非洲國家進一步參與國際秩序建設,真正實現以共同發展為核心的「共享型」世界秩序。

### 三、製度性公共產品凸顯中國責任與中國自信

建設一個更加民主、更加公平、更加合理、更具有包容性的全球治理製度體系,不僅是全世界人民的迫切需要,也是中國繼續發展、實現「中國夢」的現實要求。

製度優勢給了中國為世界提供製度性公共產品的自信,中國共產黨和中國人民完全有信心為人類對更好社會製度的探索提供中國方案。這不僅是中國發展進步的價值指歸,更是中國作為一個負責任的社會主義大國的歷史使命和責任擔當。正如美國高盛公司高級顧問喬舒亞·庫博·雷默(Joshua Cooper Ramo)提出的「北京共識」概念,中國自己摸索和創造了符合本國國情的發展模式,中國經驗具有普遍價值,很多方面可供其他發展中國家參考,可以作為一些落後國家尋求發展和改善人民生活的典範。

中國的製度優勢在於成功地塑造了有中國特色的社會主義製度文明,創造了科學社會主義理論邏輯和中國社會發展歷史邏輯辯證統一的中國特色社會主義製度。這種製度形式堅持解放思想、實事求是、與時俱進的精髓,不停滯、不僵化,堅持實踐標準,不唯書、不唯洋。中國特色社會主義製度是理論邏輯和歷史邏輯的有機統一,是自我變革和堅持方向的有機統一,

是自主選擇和開放包容的有機統一。中國製度既顧及社會差距的客觀性和現實性，把追求效率、提高效率放在重要位置，又顧及社會公平與公正的必然性和目標性，在發展過程中著力實現效率與公平的有機統一。

中國建構起能創造中國發展奇跡的現代製度，形成強大的製度自信，同時也在國際事務和國際製度領域提供「中國方案」、貢獻「中國智慧」。2013 年和 2014 年，中國先後召開了周邊外交工作座談會和中央外事工作會議，上述會議確定了中國對外交往從以往的「韜光養晦」轉向「有所作為」的戰略。2014 年 7 月，中國國家主席習近平在出席巴西「金磚國家」領導人第六次會晤時指出：「我們將更加積極有為地參與國際事務，致力於推動完善國際治理體系，積極推動擴大發展中國家在國際事務中的代表性和發言權。我們將更多提出中國方案、貢獻中國智慧，為國際社會提供更多公共產品。」① 中國新一屆領導集體，從中國發展和世界需求的雙重視角出發，陸續倡議亞洲基礎設施投資銀行、絲路基金等全球性公共產品供給，有效彌補了現有國際金融體系和機構對發展中國家支持能力不足、條件苛刻等缺陷。「一帶一路」作為中國提供給世界的重要新型公共產品，使得中國的國際製度戰略逐步出現了從融入型國際製度到轉移型國際製度戰略的方向轉變。

## 第四節 「一帶一路」建設與中國的文化自信

中國在全球文化交流中始終扮演著一個有為大國的角色，在「共商共建共享」全球治理觀指導下推動國家之間自由與平

---

① 習近平接受拉美四國媒體聯合採訪 [N]．人民日報，2014-07-15．

等的文化傳播與交流，一直以極大的熱情與投入向國外推廣中國優秀文化，展示中國文化的獨特魅力，傳播當代中國的價值理念。由中國發起的「一帶一路」倡議就是要尋找人類文明更多的利益交匯點，進一步增強沿線國家的文化與意識形態的交流與互通，讓「人類命運共同體和利益共同體」的構想得到有效的貫徹。正如羅素所說：「不同文化之間的交流過去已經多次證明是人類文明發展的里程碑。」[①] 中國以「一帶一路」為推手，通過跨文化的頻繁交流和互融共通，凝聚起沿線國家人民的價值共識，將全球發展的動力建立在價值共識的基礎上，進而解決人心所向的問題，提高世界人民福祉。

### 一、中國文化：中國力量的精神表達

自強不息、厚德載物、樂群貴和等作為中華文化中重要的組成部分，具有強大的文化感召力，不僅是中國傳統道德的精華，也是中華民族強大的精神力量。「自強不息」最先出自於《易傳》：「天行健，君子以自強不息。」自強不息闡釋了天體運行周而復始永不停息的真理，同時也是中國人以天道為榜樣，生生不息孜孜以求的堅強精神。「厚德載物」同樣出自《易傳》：「地勢坤，君子以厚德載物。」不僅形容君子的胸懷像大地一樣寬厚，寬容厚道，承載萬物，同時也形容了中華民族「計利當計天下利」的義利觀。「樂群貴和」主張與他人建立友好和諧的關係，在特定的群體中尋找自己的位置、實現自己的價值，它把與群體的和諧作為自己安身立命之本，既是中華民族的心理定勢，也是中華民族為人處世的道德要求。此外，「天下興亡、匹夫有責」的愛國主義情懷和世界主義精神，「天下為公」的世界大同理想，「兼容并包」的開放意識，都是中華民族在精

---

① 羅素. 羅素文集 [M]. 王正平, 譯. 北京：改革出版社, 1996：29.

神上葆有自我、獨立發展的精髓。

當代中華民族的精神,既是民族優秀文化在歷史傳承中的長期積澱,也是近百年來特別是中國共產黨成立以來無數革命先烈用鮮血和生命鑄就的。中國共產黨領導中國人民在民族解放事業中排除萬難去爭取勝利的革命樂觀主義,以及革命和自我犧牲,壓倒一切困難、戰勝一切敵人,如井岡山精神、長徵精神、延安精神;社會主義建設時期大公無私、先人後己、勇往直前,如大慶精神、「兩彈一星」精神、雷鋒精神、載人航天精神等。這些精神不僅是中華民族戰勝一切劫難的強大精神力量,也是實現中華民族偉大復興的強大精神力量,更是國家綜合國力體現和中國自信參與國際競爭的強大精神支撐。

## 二、中國文化自信的基因

隨著中國經濟的崛起,民族自信力的提升,中國文化所包含著的特有智慧對解決全球化時代人類所面臨的共同問題有著重要的參考價值。中國作為一個文明古國的智慧氣度、天下情懷和責任擔當,不僅是中國文化自信的集中體現,更為世界文化、文明的發展指明了方向和道路。在中華民族騰飛的新時期,中國不僅將注意力放在自身文明的存續上,還以高瞻遠矚的目光、博大寬廣的胸懷、友善平等的態度謀劃人類文明、世界文明的發展。「每一個國家和民族的文明都扎根於本國本民族的土壤之中,都有自己的本色、長處、優點。我們應該維護各國各民族文明多樣性,加強相互交流、相互學習、相互借鑒,而不應該相互隔膜、相互排斥、相互取代,這樣世界文明之園才能萬紫千紅、生機盎然……文明因交流而多彩,文明因互鑒而豐富。任何一種文明,不管她產生於哪個國家……哪個民族的社會土壤之中,都是流動的、開放的。這是文明傳播和發展的一

條重要規律。」①

中國文化傳統的諸多內涵具備切實的兼容力和與其他文化交融下的適應力，有著無可置疑的普世價值。中國傳統文化不僅能夠為中國自身的現代化道路提供精神支持，同時為改善世界各國面臨的現代性困境提供了古老的中國智慧。「自然和諧、天人合一」的自然觀有助於消除現代工業文明造成的人與自然的對立，形成全局的資源觀與和諧的生態觀。「天下為公」「先天下之憂而憂，後天下之樂而樂」等對人類利益共同體、命運共同體的關切，堪為人類共同發展的價值共識和道路基點。「和平、博愛、共生」的價值觀則有助於化解當前人類面臨的不同文明之間的緊張、不同宗教之間的衝突、不同地區之間的不平衡，也能夠為人類改善共有生存環境注入海德格爾所說的「超越理性」的生存智慧和情感。②

「中庸之道」「仁者愛人」「和而不同」「大同社會」是中國傳統文化中存在了幾千年的哲學理念，不僅沒有隨著時間的流逝而湮滅，反而在現代化和全球化的狂飆突進中散發出睿智的光芒。中國古語有雲「欲速則不達」，揭示出超出常規的發展方式將最終不可持續，提示了世界發展需要在既定軌道和規律下運行。「各美其美，美人之美，美美與共，天下大同」不僅是世界文化交流的密碼，更是推進文化互鑒共存，激活文化基因、歷史記憶和自豪感，用文明共通的邏輯超越簡單現代化線性進化邏輯的文化共鳴。總之，中國文化中總是蘊含著一些具有永恆意義的價值和理念，這些永恆的價值和理念不僅是中國文化自信的基石，也是中國改變世界的精神底氣所在。

---

① 習近平在紀念孔子誕辰 2,565 週年國際學術研討會暨國際儒學聯合會第五屆會員大會開幕式上的講話 [N].光明日報，2014-09-25.

② 孫英春.跨文化傳播學導論 [M].北京：北京大學出版社，2008：314.

### 三、「一帶一路」建設中互鑒共存的文明意識與中國自信

中華文化一向具有開放、包容的特性，善於借鑒域外文明的優點，兼收并蓄、博採眾長，在漫長的歷史演進中始終保持生機和活力。今天的「一帶一路」就是絲路文明的迴歸，意味著文明的多樣性和豐富性再次呈現，文明間的關係重新平等；也意味著人們更多地思考古老文明的現代意義，用傳統的智慧去回應現代問題。正如我們將以交流互鑒為動力的世界文明史分成三個歷史階段一樣，即從自在的文明交流時期、自為的文明交流時期到自覺的文明交流時期，從絲綢之路到「一帶一路」，世界文明史的全球化也經歷了三個歷程。公元1500年之前，是以歐亞大陸為載體的古代絲綢之路，即東方文明引導的全球化。公元1500年以後，是以西方文明從海洋東進西遷為載體所引導的全球化。進入21世紀後，以「一帶一路」建設為載體，以東西方文明交流互鑒，構建人類命運共同體為價值引導的新型全球化發展模式開始了。

文化的互鑒共存需要堅持平等相待，人類歷史是一幅多種文明交流、互鑒、融合的宏偉畫卷。不同文明承載著不同國家和民族的集體記憶，多樣共存繪就了波瀾壯闊的人類文明圖譜。各個文明在價值上是平等的，因而沒有高低優劣之分，相互尊重、平等相待是文明交流的基礎。中國的文化自信以平等、謙虛和真誠為特徵，善待不同淵源、不同形態的文明，尊重不同國家、不同民族的文化傳統和價值選擇，超越偏見與誤解、消除矛盾與爭端、克服衝突與隔閡。文化的互鑒共存需要堅持開放包容，文化互鑒的前提是開放包容，閉關鎖國則難以互鑒。從歷史上看，佛教傳入中國後同儒家文化和道家文化融合發展，形成了獨具中國意蘊和意境的佛教理論，并對周邊一些國家和地區文化藝術的發展產生了深遠影響。歐洲先進科學技術知識

等西學東漸,也使中國受到現代啟蒙和洗禮,使中華民族在偉大復興道路上與世界更加相融。可以說,開放包容、交流互鑒是中國文化的優秀傳統,也是「一帶一路」沿線各國實現發展繁榮的成功之道。文化的互鑒共存需要堅持兼收并蓄,人類創造的各種文明都是勞動和智慧的結晶,不僅能為各自文明生生不息發展壯大提供豐富營養,也能為其他文明不斷進步繁榮創造更大機緣。

無論是從亞洲還是從整個世界的發展格局來看,「一帶一路」都是開放合作之路、互聯互通之路,也是包容發展之路,但首先是文明互鑒之路。在全球化深入發展的當今時代,「一帶一路」倡導樹立的人類命運共同體意識,堅持共商、共建、共享的原則,中國不謀求主導,更不是僅為一己之利,正是對絲綢之路和平合作、開放包容、互學互鑒、互利共贏精神的傳承和弘揚,將為沿線各國和地區經濟社會和文化發展帶來新機遇。「一帶一路」不只是經濟帶,也是文化帶。經貿合作是「硬支撐」,人文交流是「軟助力」,兩者相輔相成,缺一不可。利用文化把歷史、現實聯繫在一起,通過文化交流使不同地域、不同民族融為一體,為深化經貿合作奠定人文基礎,夯實沿線國家和地區間全面合作的根基,使文明之花成為增進友誼的橋樑、共同進步的紐帶和維護和平的潤滑劑,有效提升沿線國家和地區對「一帶一路」的價值共識,從而築牢命運休戚的夥伴關係,助力在新時代實現共同發展的美好夢想。

國家自信既是一種民族心理,也是一種文化。正如本書第一章所論述的,國際話語權的最高層次是文化(觀念)層次的話語權,在物質及其製度安排都具備的條件下,人們通過不同的話語方式賦予(或建構)共同認知的價值和意義時,話語權就產生了。話語權本身是一種權力關係,體現在精神層面就是一種文化。文化話語權更能體現對自身積極、肯定的心理認知

即自信。中華民族長期累積下來的種種文化符號、載體及其內涵的價值、意義，以及經過現代化進程所重新詮釋的中國文化話語，完全可以借助「一帶一路」的經濟交流和製度設計，成為沿線各國和地區人民認同的價值和意義，并終將化為中國的文化話語權，促進中國及各國和地區利益的共同進步，實現真正意義上的中華民族偉大復興「中國夢」，促進與世界各國和地區命運共同體的形成。

# 參考文獻

## 一、著作

[1] 秦亞青. 實踐與變革：中國參與國際體系進程研究 [M]. 北京：世界知識出版社，2016.

[2] 吳賢軍. 中國國際話語權構建：理論、現狀和路徑 [M]. 上海：復旦大學出版社，2017.

[3] 王治河. 福柯 [M]. 長沙：湖南教育出版社，1999.

[4] 楊昕. 中國共產黨意識形態話語權研究 [M]. 北京：社會科學文獻出版社，2015.

[5] 王逸舟. 當代國際政治析論 [M]. 上海：上海人民出版社，1995.

[6] 石國亮，等. 解讀中國夢 [M]. 北京：人民日報出版社，2013.

[7] 司馬雲杰. 文化社會學 [M]. 濟南：山東人民出版社，1987.

[8] 金立群，等. 世界金融新秩序 [M]. 北京：中信出版社，2016.

[9] 廖峥嶸. 「一帶一路」、中國與世界 [M]. 北京：社會科學文獻出版社，2017.

[10] 國家信息中心. 「一帶一路」大數據報告（2016）

[M]．北京：商務印書館，2016．

[11] 徐紹史．「一帶一路」與國際產能合作：行業佈局研究 [M]．北京：機械工業出版社，2017．

[12] 陳偉光，等．「一帶一路」建設與提升中國全球經濟治理話語權 [M]．北京：人民出版社，2017．

[13] 趙龍躍．製度性權力：國際規則重構與中國策略 [M]．北京：人民出版社，2016．

[14] 國家發改委，外交部，商務部．推動共建絲綢之路經濟帶和21世紀海上絲綢之路的願景與行動 [M]．北京：人民出版社，2015．

[15] 李巍．製度之戰：戰略競爭時代的中美關係 [M]．北京：社會科學文獻出版社，2017．

[16] 彭新良．文化外交與中國的軟實力：一種全球化的視角 [M]．北京：外語教學與研究出版社，2008．

[17] 王玉主．「一帶一路」與亞洲一體化模式的重構 [M]．北京：社會科學出版社，2015．

[18] 趙江林．中美絲綢之路戰略比較研究 [M]．北京：社會科學文獻出版社，2015．

[19] 王靈桂．國外智庫看「一帶一路」[M]．北京：社會科學文獻出版社，2015．

[20] 楊善民．「一帶一路」環球行動報告 [M]．北京：社會科學文獻出版社，2015．

[21] 張潔．中國周邊安全形勢評估（2016）——「一帶一路」：戰略對接與安全風險 [M]．北京：社會科學文獻出版社，2016．

[22] 楊曉強，許利平．海上絲綢之路與中國——東盟關係 [M]．北京：社會科學文獻出版社，2015．

[23] 沈國麟．控製溝通：美國政府的媒體宣傳 [M]．上

海：上海人民出版社，2007.

［24］羅志田. 權勢轉移：近代中國的思想、社會與學術［M］. 武漢：湖北人民出版社，1999.

［25］胡鍵.「一帶一路」戰略構想及其實踐研究［M］. 北京：時事出版社，2016.

［26］郭樹勇. 大國成長的邏輯［M］. 北京：北京大學出版社，2006.

［27］郭可. 國際傳播學導論［M］. 上海：復旦大學出版社，2004.

［28］黃仁偉. 中國崛起的時間和空間［M］. 上海：上海社會科學院出版社，2002.

［29］侯玉波. 社會心理學［M］. 北京：北京大學出版社，2002.

［30］孫英春. 跨文化傳播學導論［M］. 北京：北京大學出版社，2008.

［31］李永全. 絲路列國志［M］. 北京：社會科學文獻出版社，2015.

［32］王靈桂. 海絲列國志［M］. 北京：社會科學文獻出版社，2015.

［33］趙江林. 21世紀海上絲綢之路：目標構想、實施基礎與對策研究［M］. 北京：社會科學文獻出版社，2015.

［34］李向陽.「一帶一路」定位、內涵及需要優先處理的關係［M］. 北京：社會科學文獻出版社，2015.

［35］王金波.「一帶一路」建設與東盟地區的自由貿易區安排［M］. 北京：社會科學文獻出版社，2015.

［36］吳宏偉. 新絲路與中亞：中亞民族傳統社會結構與傳統文化［M］. 北京：社會科學文獻出版社，2015.

［37］鐘飛騰，樸珠華，劉瀟萌，騰卓攸，等. 對外投資新

空間：「一帶一路」國別投資價值排行榜［M］.北京：社會科學文獻出版社，2015.

［38］曹衛東.外國人眼中的「一帶一路」［M］.北京：人民出版社，2016.

［39］張志前.「一帶一路」——架起中國夢和世界夢的橋樑［M］.北京：新星出版社，2016.

［40］鄔磊.中國「一帶一路」戰略的政治經濟學［M］.上海：上海人民出版社，2015.

［41］趙磊.文化經濟學的「一帶一路」［M］.大連：大連理工大學出版社，2016.

［42］趙磊.「一帶一路」：中國的文明型崛起［M］.北京：中信出版社，2015.

［43］屬以寧，林毅夫，鄭永成.讀懂「一帶一路」［M］.北京：中信出版社，2015.

［44］薛力.「一帶一路」與亞歐世紀的到來［M］.北京：中國社會科學出版社，2016.

［45］趙可金.「一帶一路」從願景到行動［M］.北京：北京大學出版社，2015.

［46］王義桅.世界是通的——「一帶一路」的邏輯［M］.北京：商務印書館，2016.

［47］王義桅.「一帶一路」：中國崛起的天下擔當［M］.北京：人民出版社，2017.

［48］葛劍雄，胡鞍鋼，林毅夫，等.改變世界經濟地理的「一帶一路」［M］.上海：上海交通大學出版社，2015.

［49］CHARLES P KINDLEBERGER. The World in Depression, 1929-1939［M］. Los Angels：University of California Press, 1973.

［50］米歇爾·福柯.規訓與懲罰［M］.劉北成，楊遠嬰，

譯. 北京：生活·讀書·新知三聯書店，1999.

[51] 米歇爾·福柯. 知識考古學 [M]. 謝強，馬月，譯. 北京：生活·讀書·新知三聯書店，1998.

[52] J. 丹納赫，等. 理解福柯 [M]. 劉瑾，譯. 天津：百花文藝出版社，2002.

[53] 阿蘭·謝里登. 求真意志：密歇爾·福柯的心路歷程 [M]. 尚志英，許林，譯. 上海：上海人民出版社，1997.

[54] 皮埃爾·布爾迪厄. 言語意味著什麼——語言交換的經濟 [M]. 褚思真，劉暉，譯. 北京：商務印書館，2005.

[55] 諾曼·費爾克拉夫. 話語與社會變遷 [M]. 殷曉蓉，譯. 北京：華夏出版社，2003.

[56] 阿德里娜·S. 尚邦，阿蘭·歐文，勞拉·愛潑斯坦. 話語、權力和主體性——福柯與社會工作的對話 [M]. 郭偉和，譯. 北京：中國人民大學出版社，2016.

[57] 約瑟夫·奈. 軟實力 [M]. 馬娟娟，譯. 北京：中信出版社，2013.

[58] 約瑟夫·奈. 硬權力與軟權力 [M]. 門洪華，譯. 北京：北京大學出版社，2005.

[59] 克里斯托夫·杜邦. 談判的藝術 [M]. 孫廷元，熊志勇，譯. 北京：中國文聯出版公司，1992.

[60] 薇安·A. 施密特. 歐洲資本主義的未來 [M]. 張敏，薛彥平，譯. 北京：社會科學文獻出版社，2010.

[61] 沃爾特·李普曼. 公眾輿論 [M]. 閻克文，江紅，譯. 上海：上海人民出版社，2002.

[62] 漢斯·摩根索. 國家間政治：權力鬥爭與和平 [M]. 許昕，等，譯. 北京：北京大學出版社，2006.

[63] 保羅·肯尼迪. 大國的興衰 [M]. 陳景彪，等，譯. 北京：國際文化出版公司，2006.

[64] 愛德華·泰勒. 原始文化 [M]. 連樹聲, 譯. 上海：上海文藝出版社, 1992.

[65] 茲比格紐·布熱津斯基. 大棋局 [M]. 中國國際問題研究所, 譯. 上海：上海人民出版社, 1998.

[66] 阿·恩·丘馬科夫. 全球性問題哲學 [M]. 姚洪芳, 等, 譯. 北京：中國人民大學出版社, 1996.

[67] 羅素. 羅素文集 [M]. 王正平, 譯. 北京：改革出版社, 1996.

## 二、期刊論文

[68] 秦亞青. 全球治理失靈與秩序理念的重建 [J]. 世界經濟與政治, 2013（4）.

[69] 劉鋒杰. 人的文學與二十世紀中國批評的話語權 [J]. 文藝理論研究, 1999（4）.

[70] 林伯承. 中國永遠是維護世界和平的堅定力量：學習鄧小平同志關於反對霸權主義、維護世界和平的思想 [J]. 國際政治研究, 1997（1）.

[71] 王英烈, 唐家柱. 鄧小平對毛澤東反霸權思想的繼承與發展 [J]. 社會主義研究, 1999（4）.

[72] 侯惠勤. 弱化與強化：意識形態的當代走向與馬克思主義的話語權——論鄧小平理論和「三個代表」重要思想的一大理論創新 [J]. 毛澤東鄧小平理論研究, 2004（6）.

[73] 章仁彪.「全球化」語境下的馬克思主義話語權 [J]. 毛澤東鄧小平理論研究, 2004（12）.

[74] 戈士國. 合理性與合法性：意識形態的現代走向——兼論馬克思主義話語權的當代重建 [J]. 理論與改革, 2005（3）.

[75] 周銀珍. 意識形態視域下中國國際話語權頂層設計

[J]．江漢大學學報（社會科學版），2015（3）．

[76] 李俊卿，張澤一．國際較量視域下中國意識形態話語權的建構 [J]．毛澤東鄧小平理論研究，2015（8）．

[77] 陳以定．當代中國外交中意識形態建設與國際話語權建構：基於中國外交話語分析視角 [J]．學術界，2012（7）．

[78] 王嘯．國際話語權與中國國際形象的塑造 [J]．國際關係學院學報，2010（6）．

[79] 胡宗山．中國國際話語權芻議：現實挑戰與能力提升 [J]．社會主義研究，2014（5）．

[80] 葉淑蘭．中國「和平發展」話語權探討：爭論與反思 [J]．社會科學，2012（6）．

[81] 但興悟．中西政治文化與話語體系中的霸權：中西霸權觀比較 [J]．世界經濟與政治，2004（9）．

[82] 莫凡，李惠斌．提升當代中國國際話語權的若干思考——基於馬克思破解西方話語的歷史考察 [J]．鄭州大學學報（哲學社會科學版），2015（5）．

[83] 曾毅，楊光斌．西方如何建構民主話語權——自由主義民主的理論邏輯解析 [J]．國際政治研究，2016（2）．

[84] 甘均先．壓制還是對話——國際政治中的霸權話語分析 [J]．國際政治研究，2008（1）．

[85] 楊威，曾志潔．西方國家掌握國際話語權的主要策略 [J]．中共南京市委黨校學報，2016（1）．

[86] 張峰．打造融通中外的概念範疇——中國爭取國際話語權的要訣在哪 [J]．人民論壇，2016（19）．

[87] 梁凱音．中國在全球化進程中的國際話語權 [J]．廣東社會科學，2015（1）．

[88] 梁凱音．論當前國際關係新變化下中國「負責任大國」的定位 [J]．中國青年政治學院學報，2010（4）．

[89] 梁凱音. 論國際話語權與中國拓展國際話語權的新思路 [J]. 當代世界與社會主義, 2009 (3).

[90] 江湧. 中國要說話, 世界在傾聽: 關於提升中國國際話語權的思考 [J]. 決策探索, 2010 (6).

[91] 譚培文. 加強基於中國實踐的中國話語權建設 [J]. 思想理論教育, 2015 (3).

[92] 王立華, 許星傑. 中國國際話語權建構研究 [J]. 河南社會科學, 2015 (2).

[93] 鄒應猛. 國際體系轉型與中國國際話語權提升戰略 [J]. 東南亞縱橫, 2010 (10).

[94] 檀有志. 國際話語權競爭: 中國公共外交的頂層設計 [J]. 教學與研究, 2013 (4).

[95] 沈壯海. 試論提升國際學術話語權 [J]. 文化軟實力研究, 2016 (1).

[96] 王明國. 全球治理轉型與中國的製度性話語權提升 [J]. 當代世界, 2017 (2).

[97] 龐中英, 王瑞平. 全球治理: 中國的戰略應對 [J]. 理論參考, 2014 (2).

[98] 何銀. 聯合國維和事務與中國維和話語權建設 [J]. 社會科學文摘, 2017 (3).

[99] 邵先成. 中國南海維權行動中的國際話語權研究 [J]. 世界經濟與政治論壇, 2016 (3).

[100] 孫文莉, 謝丹. G20平臺的製度性話語權: 中國定位及提升途徑 [J]. 國際論壇, 2016 (6).

[101] 李俊強. G20對於中國崛起意味著什麼——專訪中國對外戰略研究中心主任金燦榮 [J]. 祖國, 2016 (17).

[102] 王義桅.「一帶一路」: 重塑經濟全球化話語權 [J]. 紅旗文稿, 2016 (21).

[103] 劉再起，王蔓莉.「一帶一路」戰略與中國參與全球治理研究——以話語權和話語體系為視角 [J]. 學習與實踐，2016 (4).

[104] 袁賽男. 中國國際話語權的現實困境與適時轉向——以「一帶一路」戰略實施中的新對外話語體系為例 [J]. 理論視野，2015 (6).

[105] 吳賢軍. 國際話語權視域下的「一帶一路」戰略實現路徑研究 [J]. 中共福建省委黨校學報，2015 (2).

[106] 王秋彬，崔庭赫. 關於加強「一帶一路」國際話語權構建的思考 [J]. 公共外交季刊，2015 (4).

[107] 黃華. 論「話語的秩序」——福柯話語理論的一次重要轉折 [J]. 北京行政學院學報，2006 (2).

[108] 楊鮮蘭. 構建當代中國話語體系的難點與對策 [J]. 馬克思主義研究，2015 (2).

[109] 張興成. 福柯與薩義德：從知識—權力到異文化表述 [J]. 天津社會科學，2001 (6).

[110] 郭軍. 福柯話語理論的西方馬克思主義之維 [J]. 馬克思主義與現實，2015 (1).

[111] 莊琴芳. 福柯後現代話語觀與中國話語建構 [J]. 外語學刊，2007 (5).

[112] 汝緒化. 話語權觀的流派探微 [J]. 湖北行政學院學報，2010 (1).

[113] 侯惠勤. 意識形態話語權初探 [J]. 馬克思主義研究，2014 (12).

[114] 俞新天. 集體認同：增強國際話語權的關鍵 [J]. 國際展望，2016 (3).

[115] 蘇長河. 探索提高中國製度性話語權的有效途徑 [J]. 黨建，2016 (4).

[116] 陳偉光，王燕. 全球經濟治理製度性話語權：一個基本的理論分析框架 [J]. 社會科學，2016（10）.

[117] 張宇燕. 利益集團與製度非中性 [J]. 改革，1994（2）.

[118] 高程. 新帝國體系中的製度霸權與治理路徑——兼析國際規則「非中性」視角下的美國對華戰略 [J]. 教學與研究，2012（5）.

[119] 高程. 國際競爭視角下的產權製度與大國興衰——一個新古典政治經濟學的分析框架 [J]. 世界經濟研究，2012（11）.

[120] 韋宗友. 國際議程設置：一種初步分析框架 [J]. 世界經濟與政治，2011（10）.

[121] 劉世強. 十八大以來中國參與全球治理的戰略佈局與能力建設探析 [J]. 當代世界與社會主義，2017（2）.

[122] 楊慶龍. 增強中國製度性話語權：國際機制的路徑 [J]. 學術探索，2016（8）.

[123] 高奇琦. 製度性話語權與指數評估學 [J]. 探索，2016（1）.

[124] 許嬌，等.「一帶一路」交通基礎設施建設的國際經貿效應 [J]. 亞太經濟，2016（3）.

[125] 崔守軍. 中國國際傳播的邏輯困境與模式轉換 [J]. 國際展望，2010（6）.

[126] 黃仁偉. 2016年美國大選與世界政治變化新趨勢 [J]. 當代世界，2016（12）.

[127] 樊勇明. 區域性國際公共產品——解析區域合作的另一個理論視點 [J]. 世界經濟與政治，2008（1）.

[128] 楊海燕. 區域公共產品的供給困境與合作機制探析——基於合作博弈模式的分析 [J]. 復旦國際關係評論，2015

（1）.

［129］吳志成，李金潼．國際公共產品供給的中國視角與實踐［J］．政治學研究，2014（5）.

［130］李增剛．全球公共產品：定義、分類及其供給［J］．經濟評論，2006（1）.

［131］劉豐．美國霸權與全球治理——美國在全球治理中的角色及其困境［J］．南開學報（哲學社會科學版），2012（3）.

［132］趙鼎新．集體行動、搭便車理論與形式社會學方法［J］．社會學研究，2006（1）.

［133］盧鋒，李昕，李雙雙，等．為什麼是中國？——「一帶一路」的經濟邏輯［J］．國際經濟評論，2015（3）.

［134］鄭東超，張權．「一帶一路」為世界提供四大公共產品［J］．當代世界，2017（5）.

［135］汪鳴．「一帶一路」交通互聯互通與標準化［J］．質量與標準化，2017（1）.

［136］張宇燕．全球治理的中國視角［J］．世界經濟與政治，2016（9）.

［137］黃仁偉，劉宏松．中國和平發展道路是否能成功的三大標誌［J］．國際觀察，2012（5）.

［138］任劍濤．在一致與歧見之間——全球治理的價值共識問題［J］．廈門大學學報（哲學社會科學版），2004（4）.

［139］門洪華．中國軟實力評估報告［J］．國際觀察，2007（2）.

［140］張志洲．中國國際話語權的困境與出路［J］．綠葉，2009（5）.

［141］裴長洪．中國開放型經濟建立的經驗分析——對外開放30年的總結［J］．財經問題研究，2009（2）.

［142］SEE IAIN JOHNSTON. Treating International Institutions

as Social Environments［J］. International Studies Quarterly，2001（45）.

### 三、報刊文章

［143］習近平. 在德國科爾伯基金會的演講［N］. 人民日報，2014-03-30（2）.

［144］習近平. 在哲學社會科學工作座談會上的講話［N］. 人民日報，2016-05-19.

［145］習近平. 在慶祝中國共產黨成立95週年大會上的講話［N］. 人民日報，2016-07-02.

［146］習近平. 共擔時代責任 共促全球發展——在世界經濟論壇2017年年會開幕式上的主旨演講［N］. 人民日報，2017-01-18.

［147］習近平. 攜手推進「一帶一路」建設——在「一帶一路」國際合作高峰論壇開幕式上的演講［N］. 人民日報，2017-05-15.

［148］習近平. 中國發展新起點 全球增長新藍圖——在二十國集團工商峰會開幕式上的主旨演講［N］. 人民日報，2016-09-04.

［149］習近平接受拉美四國媒體聯合採訪［N］. 人民日報，2014-07-15.

［150］習近平在紀念孔子誕辰2,565週年國際學術研討會暨國際儒學聯合會第五屆會員大會開幕式上的講話［N］. 光明日報，2014-09-25.

［151］習近平在十八屆中共中央政治局第二十七次集體學習時強調 推動全球治理體制更加公正更加合理 為中國發展和世界和平創造有利條件［N］. 人民日報，2015-10-14.

［152］習近平在推進「一帶一路」建設工作座談會上強調

總結經驗堅定信心紮實推進 讓「一帶一路」建設造福沿線各國人民［N］.人民日報，2016-08-18.

［153］「一帶一路」國際合作高峰論壇成果清單［N］.人民日報，2017-05-16.

［154］牛瑾.中國文化既要「走出去」，更要「走進去」［N］.人民日報，2016-11-24.

［155］徐明棋.全球經濟治理：提高中國製度性話語權［N］.文匯報，2015-11-23.

［156］高奇琦.提高中國製度性話語權［N］.人民日報，2016-02-03.

［157］王毅.構建以合作共贏為核心的新型國際關係——對「21世紀國際關係向何處去」的中國答案［N］.學習時報，2016-06-20.

## 四、網站

［158］一帶一路網
［159］新華網
［160］人民網
［161］搜狐網
［162］新浪網
［163］鳳凰網
［164］商務部網站
［165］央廣網
［166］國務院僑務辦公室網站
［167］觀察者網
［168］中華商務網
［169］中商情報網

國家圖書館出版品預行編目(CIP)資料

「一帶一路」建設與中國國際話語權研究 / 陳宗權 等著. -- 第一版.
-- 臺北市：崧博出版：崧燁文化發行，2018.09
　面；　公分
ISBN 978-957-735-482-2(平裝)
1.區域經濟 2.國際新聞 3.中國大陸研究
553.16　　　　107015236

書　名：「一帶一路」建設與中國國際話語權研究
作　者：陳宗權 等著
發行人：黃振庭
出版者：崧博出版事業有限公司
發行者：崧燁文化事業有限公司
E-mail：sonbookservice@gmail.com
粉絲頁　　　　　網址
地　址：台北市中正區重慶南路一段六十一號八樓815室
8F.-815, No.61, Sec. 1, Chongqing S. Rd., Zhongzheng Dist., Taipei City 100, Taiwan (R.O.C.)
電　話：(02)2370-3310　傳　真：(02) 2370-3210
總經銷：紅螞蟻圖書有限公司
地　址：台北市內湖區舊宗路二段121巷19號
電　話：02-2795-3656　傳真：02-2795-4100　網址
印　刷：京峯彩色印刷有限公司（京峰數位）

　　本書版權為西南財經大學出版社所有授權崧博出版事業有限公司獨家發行電子書繁體字版。若有其他相關權利及授權需求請與本公司聯繫。

定價：350 元
發行日期：2018 年 9 月第一版
◎ 本書以POD印製發行